少年读史系列

刘娟 ◎ 著

14·南北朝

人民文学出版社

图书在版编目(CIP)数据

少年读《资治通鉴》. 14，南北朝/刘娟著. —北
京：人民文学出版社，2021(2025.1 重印)
(少年读史系列)
ISBN 978-7-02-016842-2

Ⅰ. ①少…　Ⅱ. ①刘…　Ⅲ. ①中国历史-古代史-编
年体②《资治通鉴》-少年读物　Ⅳ. ①K204.3-49

中国版本图书馆 CIP 数据核字(2020)第 251745 号

责任编辑　朱卫净　邱小群
装帧设计　李　佳

出版发行　人民文学出版社
社　　址　北京市朝内大街 166 号
邮政编码　100705

印　　制　上海盛通时代印刷有限公司
经　　销　全国新华书店等

字　　数　67 千字
开　　本　890 毫米×1240 毫米　1/32
印　　张　5
版　　次　2021 年 8 月北京第 1 版
印　　次　2025 年 1 月第 14 次印刷

书　　号　978-7-02-016842-2
定　　价　35.00 元

如有印装质量问题，请与本社图书销售中心调换。电话：010-65233595

出版前言

　　为响应国家关于"传承发展中华优秀传统文化,增强国家文化软实力"的伟大战略,将博大精深的中华传统文化普及到少年儿童群体中,我们倾力打造"少年读史"系列图书,最先推出的便是这套《少年读〈资治通鉴〉》。

　　《资治通鉴》是一部卷帙浩繁的大部头史书,虽已经司马光之手,"删削冗长,举撮机要",但仍"网罗宏富,体大思精",令人望而生畏。为了让孩子们读懂并喜欢上它,我们精心制作了这套《少年读〈资治通鉴〉》。

　　《少年读〈资治通鉴〉》共 20 册,是一套连续的历史故事集,通过 311 个引人入胜的历史故事,鲜活地演绎了从周威烈王二十三年(公元前 403 年)到五代后周世宗显德六年(公元 959 年)共 1362 年的朝代更替、历史兴衰、人事沧桑。

　　考虑到少年儿童的阅读兴趣与特点,在尊重历史的大前提下，这套书对史料进行了科学的剪裁，用通俗易懂的语言，通过大量的人物对话，模拟事件发生的场景，把历史上的重要人物和重大事件生动地呈现出来，让少年儿童在增长历史知识的同时，又享受到阅读的乐趣。

为了避免让整个历史读起来碎片化，这套书尤其注重历史事件的连续性和系统性，讲究由小故事串起大事件，用大事件演绎大时代。故事与故事之间，相互承传、次序分明，有条不紊地把历史推向纵深，帮助少年儿童真实、立体地感知历史发展的脉络。

此外，这套书还针对重要的历史地名（官职），做了相应的注释，帮助少年儿童从空间坐标上更好地理解时间坐标上的历史。

历史学家钱穆先生曾经说过这样的话："任何一国之国民，尤其是自称知识在水平线以上之国民，对其本国已往历史，应该略有所知。否则最多只算一有知识的人，不能算一有知识的国民。"

有鉴于此，我们希望通过这套《少年读〈资治通鉴〉》，帮助我们的孩子更好地了解中国历史，学习中国传统文化，做一个真正的中国人。

目录

宇文泰渭曲种柳

北魏分裂为东魏与西魏后，东魏由高欢掌权，西魏则由宇文泰主政。东魏继承了北魏的大部分国土，又占据了经济发达的关东地区，可谓兵精粮足，国力强盛；西魏所占的地盘很少，除了关中地区相对富裕，其他地区都属于贫瘠之地。高欢分析双方形势后，就想趁宇文泰刚刚建立政权，人心不稳，一举平定西魏，统一北方。

东魏天平四年（公元536年）年底，高欢亲率三路大军讨伐西魏。大将高敖曹带兵攻打上洛^①，大都督

---

① 在今陕西洛南东南。

窦泰攻打潼关，高欢自己驻扎在蒲坂，命人在黄河上建造了三座浮桥，准备渡河。

真是来者不善！宇文泰立即把军队开到广阳，然后召开军事会议，对将领们说："高欢兵分三路进攻我们，又在黄河上建了三座桥，摆出要渡河与我们决战的架势，看上去的确很吓人。但是，高欢这个人一向狡诈，我认为他的真实用意是牵制我军主力，掩护窦泰的军队顺利进入关中。高欢起兵以来，一直任用窦泰当前锋，窦泰最近又打了许多胜仗，难免骄傲自大。如果我们前去偷袭他，一定能将其击败。只要窦泰一败，高欢肯定不战而逃。"

诸将都不同意这个作战方案，说："高欢就在眼前，窦泰离我们很远，怎么反而不顾近处的敌人而去袭击远处的呢？现在最好的办法是分兵三处，抵御他们。"

宇文泰见大家都反对，心里也没底，回到长安后，他征求侄子宇文深的意见："你一向机变百出，这次可有退敌妙计？"

宇文深沉思了片刻，说："若先攻高欢，窦泰前来救援，我军将腹背受敌，太危险了！不如挑选精锐部队悄悄地出小关①袭击窦泰，窦泰性格急躁，一定会和我们决战，而高欢一向谨慎，不会立即救援。这样我们迅速击溃窦泰，再掉过头来阻击高欢，就能取胜。"

宇文泰很兴奋，拍着宇文深的肩说："真是英雄所见略同啊！我也是这样想的。"

第二天，宇文泰悄悄率领精锐部队从长安出发，往东疾行，很快抵达小关，逼近窦泰大营。窦泰仓皇应战，结果被宇文泰打得一败涂地。

高欢听说后，非常着急，本想率军施救，可是当时河面上的冰层太薄，无法过河，只好作罢。后来高欢听说窦泰因战败自杀，他也无心再战，于是下令拆除浮桥，退兵东归。当时，高敖曹已经攻克上洛，正准备深入关中，高欢怕他有闪失，命他也一同撤军。东、西魏的第一次大战就这样以东魏的失败而告终。

---

① 在今陕西潼关东。

　　小关之战结束不久，关中闹起了饥荒，很多老百姓饿死，西魏的军粮也开始告急。宇文深劝宇文泰夺取素有东魏粮仓之称的恒农，以解燃眉之急。于是，宇文泰统率李弼、独孤信等十二位将领，倾全国之力讨伐东魏，很快攻下恒农，驻扎在那里，每天安排将士们往外运粮。

　　这真是旧恨未消，又添新仇！高欢暴跳如雷，立即统领二十万兵马前往蒲津渡口，又让高敖曹率领三万人马从河南出发，迅速攻打恒农。很快，高敖曹率军赶到，包围了恒农。

　　高欢召集众将领讨论下一步计划。薛琡说："宇文泰极度缺粮，所以这次冒死前来抢粮。现在高敖曹已经包围了恒农，城中的粮食再也运不出去，时间一长，关中的百姓自然会饿死，到那时还愁宇文黑獭^①不乖乖投降吗？所以我们没必要渡过黄河，与他们决战，只要在各条道路上布置好兵力，和他们对峙就行，耗死

---

① 宇文泰，字黑獭。

他们。"

侯景也很懂兵法，建议说："我们这次倾全国之力出兵，万一不能取胜，局面将很难控制。不如把兵力分为前后两部，相继前进，一旦前面的部队得胜，后面的就赶上去，全力支持，如果前面的部队失败，后面的就顶替它冲上去。"

高欢打定主意，这次一定要灭了宇文泰，一报小关之耻，所以不听他们的劝告，执意从蒲津渡过了黄河，在许原^①的西面安营扎寨。

宇文泰率军到达渭河南岸，向各州征召兵马，可是他们都没有来。宇文泰便下令建造浮桥，让将士们准备三天的干粮，轻装渡过渭河。几天后，宇文泰的军队到达沙苑，离东魏大军仅有六十里路。

面对实力碾压自己的敌军，西魏将领都感到恐惧，唯独宇文深大声对宇文泰说："丞相，我要祝贺您！"

宇文泰微微一笑，问："为什么要祝贺呢？"

---

① 在今陕西大荔北。

宇文深说："高欢的根据地在河北一带，他在那里经营多年，深得人心，假如他待在河北，一心守卫原有的地盘，我们要想算计他，还真是不容易。可现在他孤军渡河，深入我方地界，为的只是小关一战中他失去爱将窦泰，所以前来报仇雪耻，这就是所谓的愤怒之师。对付他们只要一次交战即可，因此我要提前向您祝贺。"

宇文泰哈哈一笑，说："你分析得非常有道理！"

恰好这时，宇文泰早先派出去的侦察兵回来报告了高欢军营的情况。宇文泰马上召集各位将领商量对策。

李弼对当地的地形很有研究，便说："现在敌众我寡，如果在平原上决战，我军必败。在我们驻地东边十里处有一个叫渭曲的沼泽地，那里三面环水，芦苇丛生，易守难攻。我们可迅速占领那里，等高欢前来。"

宇文泰赞道："好主意！"他立即在渭曲背靠河水的东西两面布置好战阵，由赵贵指挥左边的方阵，李弼指挥右边的方阵，同时命令将士们埋伏在芦苇丛中，听到鼓声响起就冲出来战斗。

这边的西魏紧锣密鼓地布阵迎敌，那边的东魏已经军容整齐，浩浩荡荡开往渭曲。一路上，东魏将士都非常乐观，觉得双方实力悬殊，东魏一定会大获全胜。高欢也觉得胜券在握。这天黄昏，东魏大军刚抵达渭曲，高欢就召开战前会议。

部将斛律羌举对高欢说道："这次宇文黑獭疯了，几乎出动全国兵力要和我们拼命。不过，他们虽然兵力少，但兔子急了也能咬人一口，我们还是要小心提防。渭曲这个地方芦苇丛深，烂泥淤积，我们大部队无法发挥人多的优势。现在他们后方空虚，我们不如一边在这里与他们相持，一边秘密派出精锐部队突袭长安，端掉他们的老巢，到时候宇文黑獭就可以不战而擒了。"

高欢对分兵的建议不以为然，转头问其他将领："这个季节芦苇丛干燥易燃，我们用火攻怎么样？"

"火攻倒是一个好办法！"几名部将齐声赞同，侯景却狂妄地说："我们应当活捉宇文黑獭，带回京城让老百姓围观，如果把他烧焦了，黑乎乎的，混在一堆人中，谁能相信他真的完了呀？"

一个叫彭乐的将领更是嚣张地说："我们这么多人，他们才几个呀！我们一百人抓他们一个，还有什么可担心的？"

将领们说了一堆乐观的话，高欢听得有些忘乎所以，便不再坚持火攻，而是下令正面攻击。

战斗一开始，东魏兵见西魏兵人数少，个个都想立功，争先恐后往前冲，原来整齐的队列一下子变得不成样子。

宇文泰见状，命人敲响了战鼓，埋伏在芦苇丛中的西魏将士全都手持利器，大喊着跳了出来。赵贵和李弼指挥着各自方阵中的铁甲骑兵横向冲过来，把东魏军从中间一下子给截断了。东魏军前后不能相顾，很快就一败涂地，可是由于道路泥泞，无法后撤，他们只得硬着头皮迎战。

彭乐上阵前饮了一壶酒，此刻还带着几分酒意。

他看出形势不妙，却没有退缩，立刻策马上前，冲入敌阵。搏杀中，西魏人刺破了他的肚子，肠子都流了出来，但他眉头都没皱一下，把肠子塞回肚子，继续战斗。

然而，整个东魏军士气低落，而西魏军却越战越勇，李弼的弟弟李檦虽然身材瘦小，却无比勇猛，他骑着马几次冲入东魏军的阵中，东魏将士见了，都大叫："小心那个小孩子！"

宇文泰不由得感叹道："拥有这样大的胆量与决心，又何必非要八尺之躯呢！"

高欢见东魏军落了下风，准备暂且收兵，然后再战，就派人到各个军营中清点人数，没想到所有军营都空无一人，将士们都跑光了。

高欢听完汇报，呆呆地坐在马鞍上。他的心腹大将斛律金见状，劝慰他说："现在人心已经离散，短时间内无法组织再战了，我们还是尽快赶往河东。"

高欢依然神思恍惚，坐在马鞍上一动不动。斛律金急了，一鞭子抽在他的马背上。马受了惊吓，猛地

少
年
读
《
资
治
通
鉴
》
·
14
往前一窜，高欢这才回过神来，迅速撤离。

宇文泰一直追到黄河边，见高欢已经远去，这才带着军队回到渭河以南。正好从各州征召的将士已经到达，宇文泰就让他们每人在交战的地方栽种一棵柳树，以纪念这场来之不易的胜利。

这一仗，高欢损失了八万士兵，牲畜、辎重更是不计其数，元气大伤，此后再也没有发动深入西魏境内的战役。而宇文泰凭借这场以少胜多的伏击战，巩固了刚刚建立的西魏政权，开始大力发展经济、提升国力。自此，东西两魏割据北方的局面得以巩固，它们与南梁三分天下。

2

"差一点儿杀了宇文黑獭！"

宇文泰接连在小关、沙苑大败高欢后，趁着胜利的威势继续向东攻伐，只用了半年时间，又拿下包括洛阳在内的河东、河南大片土地，西魏国内一片欢欣鼓舞。

但是，高欢一代枭雄，哪这么容易就认栽？东魏天平五年（公元 538 年），他派大将高敖曹、侯景率领大军围攻驻守洛阳的西魏将领独孤信，发动了东西魏之间的第三次大战——河桥之战。

侯景从独孤信手中夺得了洛阳西北角的金墉城，又纵火焚烧了洛阳城内外的官衙以及大部分的民宅，熊熊大火连烧了几天几夜。

当时宇文泰正准备带西魏文帝元宝炬回洛阳祭扫皇陵，他收到独孤信的告急文书后，迅速率军杀到洛阳。侯景见大事不妙，趁夜突围出了金墉城，占据黄河边上的河桥，与宇文泰展开激烈的交锋。

侯景的将士异常勇猛，齐齐拉开弓箭射向西魏的军阵，不少西魏兵中箭倒下。宇文泰的战马中了流箭，胡乱地狂奔起来，把他从马背上颠了下来。东魏的士兵追到跟前时，宇文泰身边的人大都逃散了。他的部将李穆急中生智，跳下马来，挥鞭猛抽宇文泰的后背，骂道："你这个没用的小兵，你们的头儿在哪里？为什么你一个人待在这儿？"追赶的东魏士兵以为宇文泰只是无名小卒，就从他旁边过去了。李穆让宇文泰骑上自己的马，宇文泰这才死里逃生。

宇文泰不甘心失败，重整队伍后，再次向东魏军发起猛攻，杀得侯景惨败而逃。高敖曹素来看不起宇文泰，他命人竖起旌旗、伞盖，以显示军阵的威风。宇文泰一点儿不含糊，立即集中兵力，迅猛地攻过去，打得高敖曹全军覆没。高敖曹只好单枪匹马跑去投奔河阳南城。不料，守城的将领高永乐一向与高敖曹有私仇，故意关紧城门。高敖曹仰头大吼："放一根绳子下来！"过了好一会儿，他见城内没人理睬，就拔刀劈砍城门。门还没有劈开，西魏的追兵就到了。

高敖曹知道难逃一死，索性昂起脑袋对西魏追兵说："来吧！送你一个当开国公的机会。"追兵便砍下他的脑袋离去了。

高欢得知这个噩耗，真是肝胆俱裂，痛打了高永乐两百大棍。宇文泰则重赏了斩杀高敖曹的士兵一万段布匹与绢帛，由于一下子拿不出那么多，便每年给一部分，一直到北周灭亡的时候，还没有给完。

这一天的战役，东、西魏布置的军阵都非常庞大，首尾相距很远，从早晨到晚上，双方交战了十几次，直杀得天昏地暗，尘土飞扬。西魏的独孤信、李远、赵贵等人在交战中都失利了，加上战场混乱，他们找不到宇文泰，便都选择了撤退。宇文泰闻讯，只好烧掉营帐返回。

在河桥战役中，东魏最终获得胜利，但付出了极为惨重的伤亡代价。经此一战，双方退回国内休养生息，几年内都没有再发动攻战。

东魏武定元年（公元543年），因为一件小事，高欢与宇文泰这对宿敌又在邙山展开了第四次大战。

事情要从东魏大臣高仲密说起。高仲密是高敖曹的哥哥，很受高欢重用。他的妻子李氏长得美丽聪慧，有一次，高欢的长子高澄偶然遇见她，非常喜欢，就上前拉拉扯扯，把她的衣服都撕破了。李氏又羞又愤，挣脱之后跑回家，哭哭啼啼地告诉了丈夫。

高仲密怒不可遏，不久前高澄在孝静帝元善见面前说他的坏话，已经让他心生怨恨，这次高澄竟公然调戏他的妻子，简直欺人太甚，要是将来高澄接替高欢的位置，哪里还有他高仲密的活路？于是，他暗中准备叛离。

不久，高仲密离开京城去北豫州^①当刺史，这时高

---

① 辖境相当于今河南郑州、荥阳、巩义、密县、原阳、中牟等市县地。

欢也对他产生怀疑，另派了亲信奚寿兴去主管北豫州的军事，让高仲密只负责一些民政事务。高仲密索性将奚寿兴活捉，占据北豫州的治所虎牢，向西魏献上降书。

虎牢历来是兵家必争之地，现在高仲密竟然亲手奉上。宇文泰喜出望外，果断率领几路大军前来策应，不久就包围了河桥南城。

但高欢也不是吃素的，岂能让宇文泰白占这么大的便宜，他亲率十万人马奔赴黄河北岸，准备与宇文泰拼个你死我活。

宇文泰早有防备，把部队撤到上游，打算放出火船烧掉河桥，阻止东魏军过河。东魏大将斛律金很有智谋，派人找来一百多条小船，每条船上载着长锁链，等到西魏的火船靠近时，就用钉子钉住它，然后用锁链拉着拖到岸边，保住了河桥。

高欢大军顺利渡过黄河，占据了南岸的邙山。邙山不算险峻，但是进可攻、退可守。部队驻扎好后，高欢每天只是派出侦察兵到敌营侦察情报，丝毫没有进军的动向。

宇文泰却有点儿沉不住气了，他远道而来，希望速战速决。这天晚上，宇文泰将辎重留在营中，准备夜登邙山，袭击高欢。

半夜，侦察兵进来向高欢报告："宇文泰发起偷袭，距离我军四十多里。他们一路上就简单吃了一顿干饭。"

高欢胸有成竹地说："他们一定会渴死的！"接着下令布阵迎敌。

天快亮时，西魏大军赶到邙山，两军展开激烈的交锋。东魏将领彭乐率领几千名骑兵作为右翼，冲击西魏军的北边，他冲到哪个阵中，哪个阵就溃乱不堪，后来他干脆冲入西魏的军营。

有人误以为彭乐投敌，报告高欢说："彭乐反叛了！"高欢大惊，怒道："等我抓住彭乐，定将他碎尸万段！"话音刚落，只见西北方向尘土飞扬，彭乐的手下跑来报告："我们已经俘虏了敌军将领四十八人，斩首三万多。"

高欢转怒为喜，大笑道："哈哈哈，彭乐真是神勇啊！让他速去活捉宇文泰！"

彭乐得到命令，快马加鞭追赶宇文泰。宇文泰慌不择路地逃入一片小树林，谁知彭乐很快就追来，大喝一声："宇文黑獭，看你往哪里逃！"

宇文泰一惊，索性不跑了，调转马头，攀谈起来："哎呀，这不是彭乐将军吗？你是来追我的吗？唉，你怎么这么傻呢？古人说：'狡兔死，走狗烹。'要是今天你把我抓了，明天高欢就不会留你了。你为什么不赶快回去，收取属于你的金银财宝？"

彭乐一愣，正琢磨宇文泰的话时，宇文泰趁机拍马就跑，彭乐也没有去追，只是从地上捡起宇文泰留下的一袋子金条，返回营中。

高欢一见彭乐，劈头就问："追到宇文黑獭没有，是不是把他杀了？"

彭乐却避重就轻，说："我差一点儿就杀了宇文黑獭，他已经被我吓得魂飞魄散了！"

高欢虽然对彭乐打了胜仗感到高兴，但也恼怒他

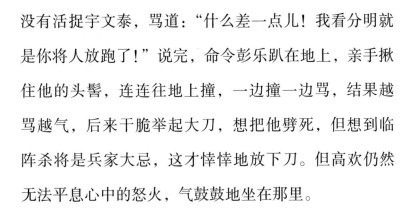

没有活捉宇文泰，骂道："什么差一点儿！我看分明就是你将人放跑了！"说完，命令彭乐趴在地上，亲手揪住他的头髻，连连往地上撞，一边撞一边骂，结果越骂越气，后来干脆举起大刀，想把他劈死，但想到临阵杀将是兵家大忌，这才悻悻地放下刀。但高欢仍然无法平息心中的怒火，气鼓鼓地坐在那里。

彭乐连连叩头求饶："请丞相拨给我五千名骑兵，我再去活捉宇文泰。"

高欢看着他可怜兮兮的样子，又好气又好笑，说道："你为什么要放走宇文黑獭？为什么现在又要再去捉？"说完命人拿来三千匹绢压到彭乐的背上，就算是奖给他的。

第二天，两军再次交战。宇文泰与赵贵、若干惠各率一支人马，从左、中、右三路对东魏军发动猛烈进攻，俘虏了东魏的所有步兵。战斗中，高欢失去了坐骑，幸亏亲信拼死掩护，才得以逃回营中。

当天晚上，东魏阵营中有一个小兵逃到宇文泰那里，泄露了高欢所在的地方。宇文泰连夜招募了三千

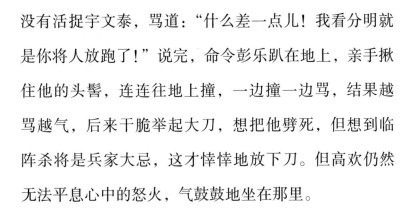

少年读《资治通鉴》

· 14

死士，由部将贺拔胜率领，前去偷袭高欢。东魏军毫无防备，被打得抱头鼠窜。

混乱中，贺拔胜一眼认出正要逃跑的高欢，抓起长矛与十三名死士追了上去。追了几里路后，贺拔胜将长矛刺向高欢，矛尖几乎要触到高欢的身体了，他大喊了一声："贺六浑①，今天我一定要取你性命！"

高欢吓得几乎背过气去，幸亏部将刘洪徽与段韶射死了贺拔胜的马匹，高欢才得以跑掉。贺拔胜眼睁睁看着高欢绝尘而去，叹息道："可惜我今天没带弓箭，不然他死定了！难道是天意？"

高欢逃回营中，又气又恨，当即聚集起离散的士兵，卷土重来，东魏的将士又振作起来，战场形势因此发生逆转，这次西魏军被打得落花流水。宇文泰见自己的人马已经溃不成军，无心再战，便下令撤军。

高欢率军急追，追到陕州②时，他勒住缰绳，凝望着西边潼关的方向，陷入沉思："宇文泰的主力遭受重

---

① 高欢的鲜卑名字。
② 治所在今河南三门峡市西。

创，如果继续往西追，进入关中，有机会消灭他，统一北方。可是，这场战事已经持续了很久，现在我们也人疲马乏，不适合长距离地追赶。"

想到这里，高欢望了望潼关的方向，再望了一眼身后疲乏的将士，怅然叹息了许久，才下令全军返回。

3

高欢不幸遇上韦孝宽

东魏武定四年（公元 546 年）冬天，大雪漫天飞舞，咆哮的寒风像一头愤怒的野兽，撕扯着东魏丞相高欢军营的帐篷。将士们缩在冰窖一样的军帐内，不住地搓手取暖，军中弥漫着一种悲观的氛围。

军营外，几名士兵哆哆嗦嗦地挤在一起窃窃私语。

一个看着年纪很小的士兵惴惴不安地说："自从玉壁撤兵，就没见着丞相的人影。"

另一个和他年龄相仿的士兵朝四周望了望，压低声音说："是啊，大家都在传，说宇文泰的人用强弩射中了丞相……"

那个年纪小的士兵小心翼翼地揣测说："丞相会不会已经……死了？"

"别瞎说！当心掉脑袋！"一个年龄比他们大的士兵呵斥道。

突然，一阵高亢的歌声在他们耳边响起："敕勒川，阴山下，天似穹庐，笼盖四野。天苍苍，野茫茫，风吹草低见牛羊。"

那个年纪小的士兵忙说："这是斛律金将军在唱歌！"过了一会儿，他欢呼起来："快听，还有丞相的声音，他没有死！"

高欢并没有死，但他病得相当重。他听说最近军中盛传自己中箭而死，为了激励将士，便勉强支撑病体，命大将斛律金作了一首《敕勒歌》。斛律金的歌声真挚、豪迈，感染了在场的所有人，高欢看着竭力宽慰他的战友，也跟着唱了起来。

在雄浑的歌声中，高欢的思绪飘飞，飞到怀朔镇的城头，飞到信都、沙苑、邙山……又飞到玉壁，想到玉壁，高欢的心中一阵颤抖，他自信都起兵以来，征战无数，胜负有常，此刻都如过眼云烟，只有玉壁是他心中永远的痛。

玉壁城①是南北朝时期的军事重镇，东魏和西魏对峙以来，成为双方殊死争夺的焦点。

当初西魏夺得河东地区之后，大将王思政就意识到玉壁的咽喉地位，因此上书请求修筑玉壁城并移军镇守。玉壁城建在黄河断崖之上，像一座巨大的土堡，易守难攻，既可拱卫西魏京都长安的安全，又对东魏的晋州②产生极大的威胁。

高欢早就对西魏涉足河东地区耿耿于怀，王思政在玉壁筑城，更是让他如鲠在喉。东魏兴和四年（公元542年），高欢第一次发兵攻打玉壁。

硬仗还没有开打，高欢先打攻心战，他写信给王思政，说："如果你能弃暗投明，我就让你当并州刺史。"并州是王思政的故乡，高欢这招可谓用心良苦。

王思政的回信显得意味深长："我们这边有个叫可

---

① 在今山西稷山西南。
② 治所在今山西临汾市。

朱浑道元的,已经向你投降了,你当初将并州许诺给他,为什么他到现在也没有得到并州呢?"

劝降失败,高欢下令包围玉壁,强行攻城。东魏大军一连攻了九天,都没有攻下。当时正是隆冬,天降大雪,士兵们饥寒交迫,高欢只得下令撤军。

这次虽然无功而返,但高欢并没有放弃夺取玉壁的想法,一直准备发起新一轮的玉壁争夺战。

四年后,即公元546年秋,高欢召集全部兵马,再次浩浩荡荡地逼向玉壁。这次,他打算通过夺取玉壁,引诱西魏大军出战,再一举将其歼灭。一个月后,东魏大军抵达玉壁城下,他们擂起战鼓,向城中的守军发起挑战。

听着城外鼓声震天,呐喊连连,城内守将韦孝宽却不慌不忙,从容备战。

韦孝宽出身将门,灵活机敏,善于左右人心,具有出色的军事才能,在前任守将王思政的推荐下,被派驻玉壁。他的守城思路非常清晰,城中将士不多,与高欢大军正面交战,无异于以卵击石,但玉壁城固若金汤，最好的办法就是坚守城池，以逸待劳，所以他下令闭门不战。

两军就这样相持了一个多月，高欢沉不住气了：这次兴师动众西征，到现在双方连像样的交战都没有，眼看着天气转冷，需要更多的御寒物资，如果再这样消耗下去，恐怕会像四年前一样白跑一趟，东魏大军必须迅速攻下玉壁。

高欢带着几队将士，围着玉壁城转了一圈，发现玉壁城建筑在悬崖之上，城中并没有水源，人马喝的水都是从汾河汲取的。他不禁大喜过望，命人在汾河上游把水改了个道，试图通过断绝城内军民的水源，迫使他们不战而降。

但让高欢没想到的是，玉壁城地下水极为丰富，韦孝宽亲自带领军民挖井取水，轻松解决了城内的饮水问题。

一计不成，再施一计！玉壁城高大厚实，东魏军对城内的情况一无所知，高欢命人在城的南面垒起了一座高高的土山。第二天清晨，他带领众将士登上土山眺望城内，得意地说："哈哈，城内一览无余，现在攻城不难了。"

此时韦孝宽还没起床，有名士兵惊慌失措地进来报告："不好了，敌军堆起了一座土山，我们完全暴露在他们的眼皮底下。"

韦孝宽披上衣服，站上城墙瞭望，果然见高欢领着一群人在土山上比比画画，他失声笑道："高欢这老头儿，办法不少嘛。"他有意考考身边的将士，便问道："依你们之见，我们要怎么应对呀？"

几名将士苦思冥想，却没有好办法，便向韦孝宽请教。韦孝宽淡淡地说："高欢可以筑土山，我们也可以加高城楼呀！"

玉壁城内原来就有两座城楼，韦孝宽当即命人取来木材，绑在楼上接高，使楼的高度高于东魏军堆的土山，并从高楼上不断向城外的东魏军射箭。

高欢见玉壁城楼不断加高，很快就挡住视线，派人放话给韦孝宽说："就算你把城楼加到天那么高，也守不住城，因为接下来我要凿地洞攻克你。"他找来一个懂得掘地的行家，挑选了一些身体强壮的兵士，日夜不停地挖了十条地道，然后调集人马，一起从地道进攻玉壁城北面。

城北是幽深的山谷，足智多谋的韦孝宽叫人挖了一条长长的大沟，以长沟阻截高欢挖的地道。他挑选了一批精兵，在大沟上面守株待兔，每当有东魏兵穿过地道前来，就把他们抓住或杀掉。与此同时，他还让人准备了大量干燥的柴草和鼓风的皮囊，一旦发现地道里有敌人，就点燃柴草，塞入地道，并不断往里鼓风。不一会儿，地道内就浓烟滚滚，烈焰熊熊，东魏兵被烧得哭爹喊娘，没命地往回跑，来不及跑的都被烧成焦炭。

韦孝宽的几次强劲反制，激起了高欢旺盛的斗志，他拿出杀伤性武器——冲车，准备正面攻城。这种冲车的车顶上用铁链挂着一根巨大的圆木，圆木的首尾都有金属头，称为攻城槌。冲车所撞之处，没有不被摧毁的。高欢一边下令进攻，一边让人向城内喊话："韦孝宽，看你还能坚持多久！"

"冲车刚猛，硬碰硬不行，但是我们可以以柔克刚呀。"韦孝宽丝毫不理会城外的叫嚣，让人把布匹缝制成一条巨大的幔帐，顺着冲车撞城的方向张开它，因为布幔是悬在空中的，冲车根本撞不破它。韦孝宽也命士兵向城外喊话："高欢，还有什么招尽管使出来吧！"

高欢火冒三丈，命人把松枝等易燃物绑在冲车前的一根长竿上，又在上面淋上油，打算点火烧毁幔帐。韦孝宽便让人拿来一种长长的钩竿，把钩尖磨利，等东魏的火竿快要到时，用长钩一切，火竿就被切断，绑在竿上的松枝纷纷坠落，掉到东魏士兵的头上，惊得他们乱窜。

高欢不死心，又祭出"绝杀技"，让人在玉壁城墙的下方挖了二十条地道，一边挖一边在地道中立起木柱以支撑地上的城墙，之后再放火烧掉这些木柱。木柱一毁，大片的城墙就坍塌了。城内将士都很惊慌，以为敌人就要攻进来了，只有韦孝宽不慌不忙，城内木料充足，每坍塌一处，他就让人在坍塌处修起栅栏。

高欢不知道怎么办才好，他的办法已经用尽了，但韦孝宽的计谋还绰绰有余，他趁高欢无计可施时，率军出城，夺占了东魏军堆起的那座土山。

高欢有点儿吃不消了。硬的不行，试试软的吧。于是，他命秘书郎①祖珽出面劝说韦孝宽投降。祖珽文才出众，足智多谋，他劝韦孝宽："您独自一人，坚守玉壁一个多月了，宇文泰到现在都不出兵救您，明摆着抛弃您了。玉壁城迟早会被攻下，您还是趁早投降吧！"

韦孝宽朗声答道："玉壁城池坚固，兵足粮多，你们是攻不下的。你担心我没有救兵，我倒担心你们这么多人有来无回。我韦孝宽堂堂关西汉子，宁死不降！"

祖珽见韦孝宽不吃自己这套，就又写了一张悬赏令，让人射进城内，上面写着："凡能斩杀韦孝宽并投降的，就让他做太尉，加封为开国郡公，赏赐一万匹绢帛。"韦孝宽拿到悬赏令，直接在背面写道："能杀

---

① 负责图书收藏及校写事务。

掉高欢的人，可得同样的赏赐。"然后让人射出城外。

高欢见劝降不成，便抓来韦孝宽的侄子，威胁说："再不投降，就杀了他。"韦孝宽毫不理会，城中将士都深受感动，誓死追随。

天气转冷，凛冬将至，东魏的军队在玉壁城苦攻五十天，战死、病死的士兵达七万之多。高欢心智用尽，又气又急，就生起了病。这天晚上，一颗流星划破玉壁的夜空，东魏的将士都很恐惧，高欢觉得也许是天意，便支撑着病体，下令撤军回国。

"天苍苍，野茫茫，风吹草低见牛羊……"高欢终于从漫无边际的回忆中把思绪收回来。他凝视着军营外茫茫的白雪，感慨万千：和宇文泰交锋多年，各有胜负，这次倾全国之力攻打玉壁，没想到又失败了。一股悲愤之情涌上心头，他不禁怆然泪下。将士们见了，也跟着痛哭流涕。

第二年正月初一，北方出现日食，病榻上的高欢叹息道："日食是因为我吗？死又有何恨啊！"

4

师徒过招

　　高欢知道自己剩下的日子不多了，他趁着脑子还清醒，还有气力说话，就把嫡长子高澄召来，交代了许多身后事。末了，他见高澄一脸忧虑，便问："你是不是担心什么？"

　　没等高澄回答，高欢接着又问："是担心侯景反叛吗？"

　　高澄心中一凛，他没想到父亲病入膏肓，仍能洞察细微，便答道："是的。"

　　高欢叹了一口气，说："侯景足智多谋，是个很有野心的人。当初，我考虑到宇文泰在西边虎视眈眈，不得不重用侯景，由他全权管理河南，到现在已经有十几年了。我活着的时候，侯景不敢轻举妄动。只怕我一死，他就要兴风作浪了。"

高澄心中一沉，忙问："应当怎么对付侯景呢？"

高欢过了好一会儿才说："库狄干和斛律金都是性格耿直的人，绝对不会背叛你。可朱浑道元、刘丰生他们俩远道前来投奔我，也一定没有背离我们的心意。潘相乐原来是个道人，和善厚道，你们兄弟几个会得到他的帮助的。韩轨有点儿耿直愚鲁，你们要宽容待他。彭乐这个人不好说，你要提防他。段孝先忠直仁厚，既有勇又有谋，军机大事一定要和他商量。所有人中，将来能够收拾侯景的，只有慕容绍宗一个人。这些年我一直没有重用他，就是要把他留给你。"

几天后，高欢就去世了。高澄按照父亲的叮嘱，没有马上发丧，而是假借高欢的名义给侯景写了一封信，召他来晋阳。

侯景读了信，冷冷一笑，轻蔑地说："高澄这个鲜卑小子，还是太嫩了，居然想用一封假信夺我兵权。"

侯景的心腹谋士王伟拿过信来，仔细看了看，不解地问："这信像是高欢的笔迹呀！您怎么断定它是假的？"

侯景一脸得意，说道："这你就有所不知了。当初，我与高欢约定，说我在远处掌握军队，很容易被人从中搞鬼，以后凡是他写给我的信，都要加一个小黑点。现在这封信上没有黑点，一定是高澄假造的。我敢断定高欢已经死了！"

五天后，侯景在河南起兵反叛。高澄迅速派遣大将韩轨督率各路大军讨伐。

大军压境，侯景有些慌张，就向西魏的宇文泰献地求降。宇文泰何等聪明，心想："侯景追随高欢多年，雄霸一方，现在高欢尸骨未寒，他就跳出来造反。这种背信弃义的小人，得防着点儿。不过，侯景手中的地嘛，还是挺诱人的……"于是，宇文泰一面派各路大军前往河南接收侯景的地盘，一面要求侯景交出军队，前往西魏的都城长安。

"好你个宇文黑獭，想收我兵权？门儿都没有！"侯景悻悻地想。不过此时他真有点儿骑虎难下，高澄

出兵攻打他，宇文泰不信任他，怎么办？想来想去，他想到了南方的梁朝：现在只能先稳住西魏，拖延去长安的时间，暗中向南梁请降了。

侯景于是命王伟给梁武帝写了一封求降信，信中说："我与高澄之间水火不容，请允许我率领豫州、郢州①、荆州等十三个州前来归附。到时候，我将尽全力帮贵国攻取北地，统一天下。"

此时的梁武帝已经八十四岁，在位四十五年了。他年轻时锐意进取，勤于政务，将国家治理得有声有色，老了以后却开始信奉起佛教来，到处建寺庙，后人曾经写诗形容当时佛寺兴盛的景况："南朝四百八十寺，多少楼台烟雨中。"不仅如此，他还不顾天子之身，四次跑去同泰寺出家当和尚，国不能一日无君呀，每次朝廷都要花巨款为他赎身。

侯景的求降信让梁武帝心动不已，晚年的他虽然吃斋念佛，无心治理国家，但可以白白得到北方十三

---

① 治所在今湖北武汉市武昌城区。

州，这块大馅饼实在太诱人了。梁武帝兴奋极了，他重新燃起了攻打北方、统一全国的斗志，于是不顾大臣们的反对，接受了侯景的投降，封他为河南王，并派侄子、贞阳侯萧渊明带兵去接应。

高澄得知后大怒，对左右说道："我们一直与梁国友好往来，现在萧老头儿竟然想接纳我国叛将，夺我土地，看来我们只能用武力说话了。"于是命令韩轨立即进攻侯景。

侯景退守颍川，等待南梁军队前来救援。结果援军还没到，侯景就被韩轨的大军团团围住。侯景很害怕，再次向宇文泰求救，表示愿意割让四城。当时担任荆州刺史的王思政觉得这是一个好机会，便派李弼、赵贵率领一万人马赶赴颍川为侯景解围。

西魏救兵如约而来，侯景长出了一口气，但他又怕引起梁武帝的怀疑，断了后路，便写信去解释说："因为路途遥远，您的援军到现在还没到达，而我这里情况十万火急，所以只得先向宇文黑獭求援。您放心，我既然不屑于和高澄共事，又怎么会甘愿投到宇文黑獭的麾下？只是请您不要误会我。"

也许梁武帝真的老糊涂了，他根本不想一想，侯景既然不甘居于高澄与宇文泰之下，又怎会甘心投奔南梁。他回复侯景道："你根据实际情况处理就好了。我相信你的一片诚心，何须多加解释呢？"

侯景读了梁武帝的信，得意忘形地对王伟说："这个萧老头儿挺好骗的嘛！"

王思政见侯景一直拖着不去长安，疑心他有诈，就秘密安排人马占领了侯景管辖的七个州、十二个镇。侯景恼羞成怒，决心翻脸，他写信给宇文泰说："我耻于和高澄那鲜卑小儿共事，又怎么甘心同大兄弟您比肩呢？"

宇文泰早就料到侯景不可靠，便召回前去救援的各路大军。侯景于是一门心思投降南梁。

萧渊明出发前，梁武帝给他制定了作战计划：在寒山^①修筑堤堰，拦截泗水，到时候来一个水淹彭城。夺取彭城之后，与侯景形成掎角之势，夹击东魏大军。

---

① 在今江苏徐州市东南。

萧渊明依计行事，驻军在寒山，只用了二十天时间就修好了堰坝。部将羊侃劝萧渊明趁水势攻打彭城，谁知萧渊明就是一个草包，根本没有领兵打仗的才能，也不知道羊侃的建议对不对，就含糊地说："啊，这个……嗯……到时候再看吧。"

彭城守将王则向高澄告急。高澄起初想派将领高岳去援救彭城，后来想起高欢临终前的话，又派慕容绍宗一同前去。

侯景一向足智多谋，又熟悉兵法，打了许多胜仗，所以平时很瞧不起其他将领。就连东魏响当当的猛将高敖曹、彭乐，侯景也不放在眼里，经常说："他们这些人就像受惊的野猪，打仗时只会横冲直撞，能有多大能耐？"

所以刚起兵时，他听说东魏派来对付自己的是韩轨，就嗤之以鼻地说："这个吃猪肠的小子能干什么！"后来，他又听说援救彭城的是高岳，更是不屑一顾地说："兵士倒都是精锐，但领兵的人就很一般了。"

没多久，侦察兵来报告："高澄派慕容绍宗一起来了。"侯景大惊失色,不住地敲打着马鞍,尖叫道:"啊!怎么派他来了?到底是谁给高澄这个鲜卑小儿出的主意?高欢一定没有死!"原来,侯景刚出道时,曾经向慕容绍宗请教过兵法,所以慕容绍宗对他的作战风格、战术谋略知道得一清二楚。

几天后,慕容绍宗率领十万人马逼近寒山。羊侃几次劝萧渊明说:"现在慕容绍宗远道而来,人困马乏,我们应当马上进攻!"萧渊明只是推托道:"啊,明天召众将商讨一下!"然后就不了了之。羊侃无奈,便率领自己的部下驻扎到新修好的堰坝上。

慕容绍宗的军队来到城下,发动步兵和骑兵一齐攻打,箭像雨点一样射向城内。南北多年来和平相处,南梁将士很久没有打过仗了,很快就败下阵来。以萧渊明为首的多名南梁将领被俘虏,只有羊侃因为早有防备,得以带着他的人马安全撤退。

侯景没想到梁军主将如此无能,更没想到梁军将士这么不堪一击,只得带着四万兵卒退守涡阳。慕容绍宗统率十万士兵,一路旌旗飘摇,敲着战鼓追赶。

　　侯景心里十分恐惧，派人试探慕容绍宗说："您这是想送我一程呢，还是要与我一决生死？"

　　慕容绍宗回答得挺干脆："一决生死。"随后，他排兵布阵，准备进攻，同时派人加强防备，并叮嘱说："大家当心，侯景诡计多端，喜欢从背后进攻。"

　　果然不出慕容绍宗所料，侯景命令士兵身披铠甲，手持短刀，从背后进入了东魏军的阵营。他们低着头，对着东魏士兵的小腿和马腿砍。东魏的军队于是溃败，慕容绍宗被迫撤退。

　　双方又相持了几个月，侯景的粮食吃完了，不少部将看不到希望，便投降了慕容绍宗。慕容绍宗从降将口中得知侯景军中的情况，便带着五千精锐骑兵前后夹击侯景。

　　侯景见军中人心惶惶，就欺骗大家说："你们的家人全被高澄杀了，你们回去也是死路一条，只能拼死一战了。"

　　慕容绍宗听了，冲侯景的将士大声喊道："我以性命担保，你们的家人都平安无事，如果你们回来，原来的官职不变，待遇不变。"说完，他披头散发指着北斗星发誓。

侯景的将士本就不愿意离开北方，纷纷解甲投降。侯景的人马开始溃败，士兵们争相抢渡涡水，人数多得几乎阻断了河水。

侯景只得收拾一些残兵剩将逃跑。慕容绍宗昼夜追击，眼看就要追上了，侯景派人对他说："如果侯景被抓，您还有什么用呢？"慕容绍宗听了，便没有再追，侯景这才得以仓皇逃到寿阳。

5

梁武帝养虎为患

"寒山战事失败,贞阳侯被抓走了!"

当南梁宠臣朱异报告这个坏消息时,梁武帝萧衍被吓得恍惚起来,几乎要从龙床上跌下去,幸亏旁边的太监眼疾手快,上前扶着他坐稳。梁武帝叹道:"难道我也要像晋朝那样,落得一个江山被异族人夺走的下场吗?"过了一会儿,他缓过神来,追问道:"侯景呢?"

"侯景也全军覆没了!人们都说他已经死了。"

梁武帝懊恼万分,侯景兵败死亡,意味着这次接纳侯景投降,南梁不仅没有得到土地,还把与东魏多年的友好关系搞僵了。真是竹篮打水一场空啊！梁武帝缓缓地闭上眼睛，任由大家议论，自己一言不发。

太子萧纲说："侯景一定没有死，人们只是瞎传罢了。"

侍中何敬容说："侯景是一个反复无常的家伙，只会给我们国家带来动乱。现在他死了，对我们只有好处，没有坏处！"

梁武帝感到很疲惫，此刻只想躲到清静的佛堂中。他无力地挥了挥手，示意大家不要再说了。

几天后，侯景竟然写来一封信，说他战败后投奔了寿阳城，请求革职贬官。梁武帝于是转忧为喜，根本不打算追究侯景的责任。

侯景见自己捅了这么大娄子却没有受到任何惩罚，心中窃喜，又请求梁武帝为自己的军队补充给养。梁武帝二话不说，命人照办。侯景尝到甜头，从此更加得寸进尺，不断地向梁武帝提出要求，要战袍、要武器，梁武帝全都满足了他。

侯景有点儿得意忘形，便上奏梁武帝，说："我想娶王家或谢家的女子为妻。"这次梁武帝拒绝了,回复说:"王、谢两家门第高贵,你与他们不相配。可以从朱姓、张姓以下的家族中寻访合适的女子,许配给你。"侯景恼羞成怒,开始怨恨梁武帝,恶狠狠地说:"嫌我出身低是吧?将来我要把吴地人的女儿许配给奴仆!"

不久之后的一件事,加剧了侯景对梁武帝的怨恨,从而引发了一场毁灭南梁的叛乱。

东魏丞相高澄想与南梁恢复友好关系,几次派人送来国书,梁武帝都没有回复。萧渊明被俘后,高澄对他一直很客气,这时便对他说:"我们两国交好已经十几年了,这次梁国接收叛将侯景,引发两国纷争,我认为不是梁主的本意,都是侯景煽动的结果。如果我们两国能够重新交好,我愿意遣返被俘的梁国将士。"

萧渊明很想回到南梁,就派使者夏侯僧辩送信给梁武帝,信中说:"如果我们答应再次与东魏恢复友好关系,高澄就会放我回国。"

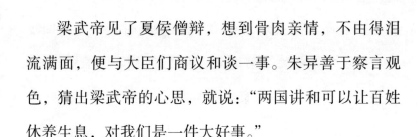

梁武帝见了夏侯僧辩，想到骨肉亲情，不由得泪流满面，便与大臣们商议和谈一事。朱异善于察言观色，猜出梁武帝的心思，就说："两国讲和可以让百姓休养生息，对我们是一件大好事。"

大臣傅岐却强烈反对，说："这一定是高澄设下的离间计，目的是让侯景产生猜忌之心。侯景心神不定，就一定会图谋叛乱，到那时高澄就可以坐收渔人之利。"

梁武帝厌倦了战争，想迎回萧渊明，就让夏侯僧辩带信回东魏，表示愿意和谈。谁知夏侯僧辩经过寿阳时，被侯景抓了，一番盘问下，被迫交代了所有事情。侯景害怕自己会被南梁作为交换萧渊明的筹码，连续上奏劝梁武帝不要与东魏议和，梁武帝都没有理睬。侯景又写信给朱异，并送上三百两黄金，请求他在梁武帝面前替自己说话。朱异收了黄金，却不替侯景办事。

不久，梁武帝为了表明和谈的诚意，特地派使者前去慰问高澄，吊唁高欢。侯景听说后，急坏了，再次上书说："我与高氏已经结下了深深的仇恨，投靠皇上您是指望可以消灭他们。现在您准备与高氏讲和，您让我怎么办呢？"

梁武帝写信安慰侯景："我只想两国之间停止干戈，让百姓休养生息。你考虑的只是你一个人，而我要考虑整个国家的利益。我堂堂一国之君，一言九鼎，既然答应了高澄讲和，岂有失信的道理！"

侯景才不管什么国家利益呢，为了进一步试探梁武帝的底线，他伪造了一封来自东魏朝廷的信，写明两国和谈的条件是用萧渊明换侯景。

梁武帝收到信后，信以为真，回复道："只要萧渊明早上一到，侯景晚上就会押送回去。"

梁武帝的回信自然又落到侯景手中，他愤怒地对左右说："我就知道这个老东西没安好心！从前他的各种恩赐都是假仁假义，你们看，现在还不是把我出卖了。"

王伟在一旁火上浇油："既然坐在这里是死路一条，反叛也是死路一条，侯王您就决定个死法吧！"

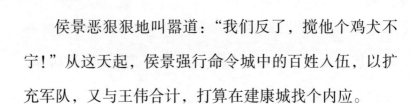

侯景恶狠狠地叫嚣道:"我们反了,搅他个鸡犬不宁!"从这天起,侯景强行命令城中的百姓入伍,以扩充军队,又与王伟合计,打算在建康城找个内应。

找谁好呢?思来想去,侯景觉得梁武帝的侄子、临贺王萧正德是最合适的人选。梁武帝早年还没生儿子时,曾经把萧正德过继为养子,想让他将来当太子。后来梁武帝自己生了儿子,萧正德就回归了本宗。好端端的太子做不成了,萧正德从此心生怨恨,索性横行无忌,惹得民怨沸腾。梁武帝心怀内疚,对萧正德一味姑息纵容,短暂免职后又重新启用了他。但是,梁武帝的宽容并没有换来萧正德的感激与悔改,他反而变本加厉,暗中豢养死士,准备物资,打算有所行动。

侯景派萧正德的好友徐思玉前去游说他,双方一拍即合,约定到时候里应外合,共同起事,事成之后,侯景扶立萧正德为皇帝。

天下没有不透风的墙。寿阳城中有个小官吏逃到京城,把侯景的反常举动告诉了梁武帝,谁知梁武帝根本不相信，连声说："这怎么可能呢？这怎么可能呢？"

不久，鄱阳王萧范也秘密上奏，说侯景正紧锣密鼓准备叛乱。主管边境事务的朱异怕梁武帝怪他工作不力，就对梁武帝说："不可能呀，边境上好好的，什么动静都没有。"梁武帝深信不疑，写信给萧范说："侯景因为与高氏结仇才投靠我们，怎么可能再反叛呢？"萧范再次上书，梁武帝不耐烦地回复说："这事你别管了，朝廷自会处理。"但萧范不屈不挠，又上书请求调集合肥的军队讨伐侯景。朱异阴阳怪气地说："哎呀，鄱阳王竟然不允许朝廷养一名食客①。"从此，萧范给梁武帝的奏表，都被朱异扣压下来。

侯景又派信使去游说南梁将领羊鸦仁，邀他跟自己一同反叛。羊鸦仁拘捕了信使，并向朝廷报告了这件事。朱异轻蔑地说："侯景才几百人，能有什么作为！"梁武帝起初命人将侯景的信使关押起来，不久又

---

① 指侯景。

稀里糊涂地释放了他。

从此，侯景更加肆无忌惮，故意上奏说："我请求您将长江西部的一块地区交给我掌管。否则的话，我将出兵来到长江之滨，杀向闽、越地区。到那时，不仅朝廷将蒙受耻辱，恐怕文武百官都会顾不上吃饭。"

侯景的反意再明显不过了，可昏庸的梁武帝以为他不过是发发牢骚，为了安抚他，又源源不断地封赏，表明自己对他的信任与宠爱。

南梁太清二年（公元 548 年）八月，经过数月的准备，侯景的军队迅速壮大到八千兵马，再加上有萧正德做内应，侯景便打着诛杀朱异等奸臣的旗号，起兵反叛南梁。

梁武帝听说侯景真的反了，不怒反笑，说："侯景那点儿人马，能干出什么事儿！我折断一根木棍就能把他打得够呛。"他命大将裴之高、柳仲礼、萧范、萧正表为东、西、南、北道都督，又命第六个儿子、邵陵王萧纶监督各路大军，征讨侯景。

侯景有点儿心慌，问王伟："萧老头派来这么多兵，我该怎么应对啊？"

王伟很有见识，分析道："他们人多，我们人少，正面迎击一定打不过，不如放弃淮南，带轻骑兵直扑建康，到时候萧正德在城内起兵，大王你在城外发动攻势，里应外合，没有不胜利的道理。"

侯景向来对王伟言听计从，便安排少量人马守卫寿阳，对外宣称出城打猎，带军队悄悄出城。不久，他又扬言要进攻合肥，实际上却向建康扑过来。

梁武帝统治晚年，朱异等人玩弄权术、欺骗梁武帝，导致朝政黑暗，被当时的人所痛恨。人们听说侯景要带兵诛杀朱异，都拍手称快，沿途各城的梁军都无心作战，叛军日夜兼行，很快到达长江边上。

梁武帝向大将羊侃询问对策。羊侃建议道："派两千人马快速占据江防要地采石，另外再派一支人马袭击侯景的老巢寿阳，让侯景前不能进，后又无处可退。这些乌合之众，自然也就土崩瓦解了。"

朱异却跳出来说："侯景只是吓唬吓唬朝廷，一定不会渡过长江。"于是，梁武帝没有采纳羊侃的建议。

羊侃退下后，担忧地说："我朝就要败亡了。"

梁武帝不知道萧正德与侯景暗中勾结，因此命他负责京城的军事事务。萧正德正愁找不到机会接应侯景呢，当下就派出几十艘大船，骗人说这些船是用来运芦苇的，实际上却用来载侯景的军队过江。侯景大军顺利过江，抵达采石，士气极盛，打败了沿途迎击的梁军，在萧正德的带领下，又迅速攻破朱雀门，进入了建康城。

梁武帝再也无法淡定了，他派了一名使者到侯景军中，问他："你带兵前来，到底是为什么？"

侯景脱口而出："想当皇帝。"

王伟慌了，侯景说这种谋逆的话容易失去人心，他赶紧上前打圆场，对使者说："朱异等奸臣专横枉法，扰乱朝政，我们是来诛灭他们的。"

可是，侯景的狼子野心再也藏不住了，他也不想藏了，他要把那个天天吃斋念佛的老皇帝从御座上拉下来，自己取而代之。

6

老皇帝被活活饿死

　　侯景的军队进入建康的消息，像一声惊雷，打破了南梁国都四十七年的平静。"不好了，侯景叛军攻破朱雀门啦！""大家快逃进台城吧，那儿安全！"老百姓都惊慌失措，争先恐后地逃入台城。

　　南梁朝廷自大将陈庆之去世后，已经没有可用的老将了，青年将领都在边境守卫。幸亏羊侃有胆有谋，布置防守，带着将士们死死捍卫皇宫所在的台城。

　　第二天一早，台城四周都飘扬着侯景军队的黑色旗帜。他命人向台城内射去一封信，上面说："朱异作威作福，我被他陷害，如果皇上能杀掉朱异，我就收兵回北方。"

梁武帝也是吓糊涂了,想斩杀朱异换取侯景退兵,太子萧纲劝谏说:"不能答应侯景!他只是为叛乱找个借口罢了。如果我们杀了朱异,侯景还会提新的要求。当务之急是击退侯景的乱兵。"梁武帝这才作罢。

侯景下令在城东、城西堆起两座土山,他逼迫被抓的百姓去劳动,凡是反抗的、瘦弱的,全都杀掉填入土山中。百姓为了活命,只得顺从。

建康城内也针锋相对,建造土山。太子以下的亲王、大臣们亲自手握铁锹挖土,用簸箕装上,背到土山上去。土山筑好后,又在上面建了几层芙蓉高楼。楼有四丈高,用彩帛装饰着。朝廷招募了两千名死士,给他们穿上厚厚的铠甲,分配在东土山和西土山上。这些被称为"僧腾客"的死士日夜不停地与侯景的军队交战。

不料天降大雨,城内的土山崩塌了,侯景趁机从高处往城内垂吊士兵。死士们从地上爬起来,奋力抵抗,却挡不住源源不断从高空中下来的贼兵。羊侃忙让人不停地投掷火把，形成一道火墙，从而切断贼兵的来路，接着他命人在城内筑起城墙，让侯景的军队无法攻进来。

侯景气得哇哇叫，把羊侃的一个儿子抓来，威胁要杀了他。羊侃大义凛然地说："我羊氏一族为国尽忠，怎么会在乎一个儿子？希望你早一点儿杀了他。"侯景只得暂时作罢。几天后，侯景又把羊侃的儿子押到阵前。

这回没等侯景说话，羊侃就对儿子说："我以为你早死了，怎么还活着？不能因为你而动摇军心，我今天就杀了你。"说完，便拉弓要射。侯景敬重羊侃是条汉子，就没有杀他的儿子。城中百姓听说了，既钦佩又感动，纷纷表示一定死守城池。侯景无奈，命人筑造长围墙，将台城团团围住，隔绝其与外界的联系。

这年的十一月，投靠侯景的临贺王萧正德自立为帝，任命侯景为丞相，又拿出自己的财物，给侯景当军费，让他加紧发动对台城的进攻。

驻守在外的南梁将领听说建康危急，纷纷率领各自的人马前来援救，他们推举柳仲礼为大都督，并传信给还在路上的藩王们，以便统一号令。柳仲礼开始还雄心壮志，结果在一次与侯景的战斗中负了伤，差点儿丢了性命，从此就畏惧侯景，每天闭营不出。

主帅柳仲礼得过且过，藩王们也都心怀鬼胎。原来，梁武帝有八个儿子，太子萧统英年早逝，梁武帝就立了第三子萧纲做太子，其他儿子都不服。所以这次勤王，他们都想保存实力，于是个个借口要等待四方援兵，逗留不前。

偏偏在这节骨眼儿上，守城的大将羊侃病逝了，建康城里更是人心惶惶。

侯景也好不到哪儿去，他见台城久攻不下，自己军队的粮食就快吃完了，就命令饥饿的士兵去抢掠百姓。结果能抢的都抢光了，台城还是没能攻下，而他的士兵又开始饿得头昏眼花，四肢无力。

侯景急得不行，眼前的台城攻不下，四面八方的援军又随时到来，再这样拖下去，不完蛋才怪。他找来王伟商量，说："东府城①里有粮食，但是道路被他们的援军切断。"

王伟建议说："先假装与梁军和谈，逼他们撤走援军，以拖延时间。等粮食到手，我们再打他们一个措手不及！"侯景连连称赞这个计策好。

梁武帝听说要和谈，愤怒地说："跟侯景和好，还不如去死！"

太子却再三请求说："城外的援军不肯救援，台城坚持不了多久，不如暂时答应议和，以后再做打算。"

大臣傅岐坚决反对和谈，他说："侯景诡计多端，他是想用议和来达到让援军撤走的目的！侯景人面兽心，绝对不能相信！"

但是，太子铁了心要议和，梁武帝犹豫了很久只好答应，他命令各路援军不得再前进，还把孙子萧大款送去给侯景做人质。

几天后，双方郑重举行和谈仪式，订立盟约。盟

① 在建康城东南，今南京市通济门附近，南临秦淮河。

约订立以后，侯景却不解除对台城的包围，他用各种借口搪塞梁武帝，还不断地提各种要求。太子明知侯景说的都是假话，却仍抱最后一丝希望，不断笼络他，希望他撤军。

侯景就这样一边吊着南梁朝廷，一边命人抓紧时间从东府城运送粮食。等粮食到手，又听说援军都撤退了，侯景立即撕毁盟约，给梁武帝上了一份奏章，然后下令继续攻城。

梁武帝由于信奉佛教，平时经常吃蔬菜，台城被包围的时间长了，御膳房里的蔬菜都吃光了，负责膳食的宫人也逃跑了，他就开始自己煮鸡蛋吃。

这天，梁武帝正吃着亲手煮的鸡蛋，突然收到侯景陈述他十大过失的奏章，不禁又羞惭又愤怒，他将鸡蛋扔掉，来到太极殿前设立祭坛，禀告天地，号令全城将士与侯景进行生死决战。

台城被围困得太久了，城里的十几万人，大多缺衣少食，饿得身体浮肿、气喘吁吁，路上到处都是饿死的人，多得来不及掩埋。真正能够登上城墙作战的不足四千人，由于长期饥饿，他们也瘦弱得仿佛一阵风都能吹倒。如此危难时刻，人人都寄希望于城外的援军。可是，主帅柳仲礼只知饮酒作乐，部将天天向他请战，他都置之不理。

之前监督各路大军征讨侯景的邵陵王萧纶此时也已经与柳仲礼会合，有人劝他说："台城危在旦夕，殿下却不去救援，如果真的发生了意想不到的事，您还有什么脸面在世上立身？"萧纶充耳不闻。

柳仲礼的父亲柳津是太子詹事[①]，羊侃去世后，他带领将士们顽强守城。他见柳仲礼长时间不攻打侯景，就登上城楼，向儿子喊话："你的君王与父亲正在受难，你却不能竭尽全力救援。你有没有想过，百世之后，人们会怎么评价你？"谁知，柳仲礼就跟没听见似的，照旧饮酒看戏。

梁武帝心中不安，问柳津："现在应该怎么办？"

柳津叹道："还能怎么办？皇上您有邵陵王这样的

---

① 负责东宫事务的官员。

儿子，我有柳仲礼这样的儿子，他们都不忠不孝，侯景怎么能平定啊！"梁武帝沉默不语。

绝境之下，城中将士再也坚持不下去了，纷纷出城投降，侯景的军队不断发展壮大，竟达十万之多。

太清三年（公元549年）三月，侯景对台城发起最后的猛攻，他命人挖开皇宫石门前的玄武湖，引湖水灌城，又命叛军从四面八方攻城。城内的将领眼见台城就要守不住了，纷纷投降，引导侯景的人马爬上城墙。

永安侯萧确奋力搏杀，终于寡不敌众，只得跑进殿向梁武帝报告："台城已经陷落了。"

梁武帝一动也不动地躺在床上，平静地问道："还可以再打一仗吗？"

萧确回答说："军心涣散，无法再战。"

四十七年前建立南梁时的辉煌时刻，已成过眼云烟，如今大厦将倾，八十六岁的梁武帝却无能为力，他叹了一口气，说："从我这儿得到的，又从我这儿失去，有什么可遗憾的呢！"

随后，梁武帝让侯景前来觐见。这是他第一次见到侯景。侯景身材不高，样貌丑陋，右腿比左腿短，走起路来一瘸一拐，一双眼睛看上去凶狠、阴险，让人心里直打冷战。

梁武帝神态如常，问道："你带兵打仗这么长时间，真是劳苦功高呀！"

侯景伏在地上，汗水流了一脸，他能坦然面对刀丛箭雨，却不敢抬头正视这个瘦削的老头儿，更别提答话了。

梁武帝又问："你是哪里人呀，敢到这里来，你的妻儿还在北方吗？"

侯景仍然战战兢兢，无法回答。站在他旁边的部将替他回答说："臣下侯景的妻儿都被高澄杀光了，只身一人投靠了您。"

梁武帝点点头，又问道："你渡江过来的时候有多少人？"

侯景这才敢开口，说道："一千人。"

梁武帝继续问道："包围台城时共有多少人？"

侯景声音响亮了一点儿，他略略抬了一下头，说："十万人。"

　　梁武帝再问："现在共有多少人？"

　　这时，侯景猛地抬起头，正视着梁武帝，大声答道："四海之内都是我的人。"

　　梁武帝低下头去，不再看他。

　　侯景将梁武帝囚禁起来，然后派人带着梁武帝的诏书，去解散外面的援军。柳仲礼召集各路将领商量。大家都说要跟侯景决一死战，柳仲礼竟然始终不发一言。各路援军只好分散，回到各自原来驻守的地方去了。柳仲礼则选择了投降，他进入京城后，先拜会侯景，然后才觐见梁武帝，梁武帝不跟他说话。柳仲礼又去见他父亲柳津。柳津痛哭道："你不是我的儿子，何必来跟我相见！"

　　一开始，侯景害怕梁武帝，不敢对他怎么样，后来梁武帝再三拒绝侯景的要求，侯景恼怒之下，便断绝了梁武帝的饮食供应。梁武帝忧愤交加，很快就病倒了。

这天，梁武帝躺在床上，由于多日滴水未进，他嘴里一阵阵发苦，想喝点儿蜂蜜，可是叫了很久，四周死一般寂静，回答他的只有他自己发出的"嗬！嗬！"两声。很快，他就咽气了。

侯景封锁消息，秘不发丧，将梁武帝的遗体收殓后移到昭阳殿，然后派人接来太子，要他像平常那样入朝。由于王伟等人在旁边监视，太子只能默默地流泪，不敢发出声音，殿外的文武百官都不知道梁武帝已经死了。

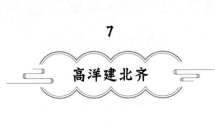

7

高洋建北齐

东魏大将军高澄一直密切关注着南方的局势发展，他趁着侯景之乱，派大军侵扰两淮之地，吞并了大片南梁土地。南梁的许多州郡实在受不了侯景军队的侵扰，干脆转投东魏。不到一年的时间，东魏就轻而易举地得到南方二十三个州，并重新夺回了淮南重镇寿阳，把疆域从淮河以北拓展到了长江沿线。高澄的个人威望也在此时达到了顶点，原先不把他放在眼里的东魏老臣们，一个个都改变了从前的态度。

东魏武定七年（公元 549 年）四月，高澄以大将军的身份兼任相国，并封齐王，享受一系列特殊礼遇。

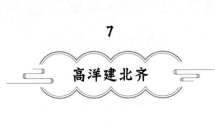

在他的主持下，东魏朝廷将治国的政策张榜公示，允许百姓自由发表意见，对于那些提出好的建议与批评的人，往往给予优厚的赏赐，即使有人言辞激烈，也不追究其责任。高澄还改革了东魏官员的选拔制度，废除论资排辈的做法，开始重用德才兼备的寒门读书人。

不过对待孝静帝元善见，高澄就不是这个态度了。当年孝武帝元脩出逃长安投奔宇文泰，高澄的父亲高欢一直耿耿于怀，觉得是一生的奇耻大辱，自那之后，他对元善见一直恭恭敬敬，谨守君臣之礼。但是，高澄觉得东魏的江山是他们高家打下的，高欢死后，他对元善见便肆意欺辱，毫无君臣之礼。

有一次，高澄陪元善见喝酒。他举起手中的大酒杯对元善见说："臣高澄劝陛下喝一杯！"说话的腔调就好像他们平起平坐一样。元善见非常气愤，说："自古以来没有不灭亡的国家，朕要这一生干什么呢？"高澄恼羞成怒，将酒杯一摔，说："什么朕……朕的，狗脚朕罢了!"①说完还让心腹大臣崔季舒打了元善见三拳,然后扬长而去。

高澄还让崔季舒暗中窥探元善见的举动,他经常问崔季舒:"那傻子比以前怎么样了,他呆傻的程度有没有好一点儿?"元善见所做的大小事情他都知道得一清二楚。

元善见忍受不了这种侮辱,便和几个亲信密谋,打算从宫中挖地道出去,组织天下兵马对抗高澄。可是,地道挖到千秋门时,守门的卫兵发觉地下有响动,便报告了高澄。

高澄当即带着士兵入宫,见到元善见,他也不叩拜,直接就坐下来,生气地质问道:"陛下为什么要谋反?我们父子有什么对不起陛下的地方?"

元善见知道事情败露,索性板起面孔说道:"自古以来只听说过臣子谋反,没听说过君王谋反的。你自

---

① 除了"朕",古代皇帝也会用"我"来自称。南北朝的皇帝就常常自称"吾"或"我",而"朕"往往用在诏书和书面命令中,还有就是需要以皇帝的身份对某件事表态时,会用"朕",具有重要的政治意义。孝静帝元善见对高澄轻慢自己很不满,所以自称"朕",以示自己是九五之尊的皇帝。高澄自然不高兴,所以骂他是"长着狗脚的朕"。

己要造反，却跑来责怪我？我杀掉你，江山社稷就会安定，不杀你则国家就会很快灭亡。如果你一定要弑君的话，那就动手吧！"

高澄见元善见态度突然如此强硬，一时没了主张，只好起身向他叩头，痛哭流涕地道歉请罪。接着，两人一起痛饮，一直喝到深夜，高澄才离开皇宫。

然而，高澄前脚刚离开皇宫，后脚就命人把元善见囚禁了起来，并把参与密谋的人全都用大锅煮死了。接下来，逼元善见禅位，就成了顺理成章的事。

这天，高澄把身边的侍卫都打发走，与陈元康、杨愔、崔季舒等心腹讨论逼元善见禅位后怎么安排文武百官一事。

正当他们谈得热火朝天时，一个厨子端着食盘走了进来。高澄厉声喝道："我没叫你，退下！"这个厨子低着头出去了。

这个厨子叫兰京，是南梁大将兰钦的儿子，在与东魏交战时，被高澄俘虏，被迫在高澄府中当厨子。兰钦心疼儿子，多次提出用重金赎回他，都被高澄拒

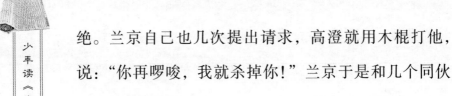
绝。兰京自己也几次提出请求，高澄就用木棍打他，说："你再啰唆，我就杀掉你！"兰京于是和几个同伙谋划杀掉高澄。

兰京出去后，高澄愤愤地对陈元康等人说："昨天晚上，我梦见这个奴才举刀砍我，太晦气了，得早点儿把他杀了。"

没过多久，兰京又端着食盘走了进来，并说："请大王享用点心！"

高澄勃然大怒："狗奴才，好大的胆子啊！我没要东西，你为什么又进来？"

兰京突然大喝一声："来杀你！"说话间，他从食盘下抽出一把尖刀，猛地向高澄刺去。

高澄一惊，飞起一脚想踹开兰京，不料用力过猛，脚崴了一下，只好拖着脚钻到了大床底下躲避。兰京猛地掀开床板，举刀就砍。

其他人都被这突如其来的变故惊呆了，杨愔吓得魂飞魄散，拔腿就往门外跑，慌乱中一只靴子还掉了，崔季舒则跑到厕所里，藏了起来。只有陈元康回过神来，他扑过去与兰京争夺尖刀，并用自己的身体护住高澄。扭打中，陈元康被尖刀扎破了肚子，肠子都流出来了，他双手捂着肚子，跌倒在地上。兰京转身，又向床下的高澄猛砍下去。很快，高澄就没有了气息。

朝廷内外听说后，都感到很震惊。高澄的弟弟、太原公高洋当时正在城东，听到这骇人的消息，却面不改色，迅速带着一支人马赶到哥哥的府中，把兰京及其同伙全部斩杀，然后慢慢地走出来，对大家说道："这帮奴才造反，伤了大将军，还好，伤势不算严重。"

为了稳住局势，高洋对外封锁了高澄的死讯。当晚，陈元康也因伤重去世，高洋把他的遗体收殓在自己家中，对外则宣称派陈元康出城公干去了，还授予他中书令的职务。

几天后，高澄的死讯还是传到元善见的耳中。他兴奋地对身边人说："这是天意啊，高澄死了，皇室应当重振权威了！"但很快元善见就发现自己过于乐观了，因为他与所有东魏朝臣一样，低估了一个人：高洋。

高洋是高欢的次子，在高欢所有儿子中最不讨人喜欢。他长得很丑，皮肤黝黑，下巴尖尖，全身布满鳞纹。但是，高洋的聪明才智丝毫不逊于父亲与兄长。高洋十几岁时，高欢为了考察几个儿子，特地拿出一团胡乱缠绕的丝线，说："给你们一炷香的时间，看看你们兄弟几个谁最先解开！"高洋的兄弟们都满头大汗地拆解线团，他却不慌不忙地抽出腰刀，将这团丝线砍成数段，还说："乱者必斩！"一旁的高欢惊喜万分，说："我这个儿子啊，真让人刮目相看！"

但是高澄很看不起这个弟弟，常对人说："这种相貌的人怎么也配生在我们这样的富贵人家呢？"受到嘲笑的高洋一点儿也不生气，常常贬低自己，处处顺从高澄。

高洋经常为妻子李氏做一些精巧的手工制品，高澄见了总要占为己有。有时候李氏气不过，不想给，高洋就笑着劝她说："这种小东西我可以再做，现在自家哥哥想要，我们不能这么小气吧？"高澄有时听了很惭愧，就说："哎呀，我不要了。"

但是，人后的高洋完全是另外一个样子。每次下朝回到家中，他就关闭房门，在里面静坐，即使对李氏，他也能整天不说一句话。有时候他会突然发神经似的，赤着脚在院子里又跑又跳，把李氏吓得不轻，责怪道："怎么啦？"高洋轻描淡写地说："我只是想变个戏法逗逗你。"①

高澄遇刺前，几乎没有什么人瞧得上高洋。高澄死后，高洋迅速出来主持大局。他先是前去拜见元善见。一走进宫殿，他身后两百名披甲卫士就踏上台阶，手按剑柄，好像随时准备刺杀敌人。元善见看了，暗自心惊。

高洋朝元善见拜了两拜，说："我还有一些家事要去办，必须马上离开！"没等元善见说话，他就飘然离开宫殿。

元善见意识到高洋比高澄还难应付，不禁大惊失色，目送着他远去的背影，喃喃说道："看来这个人容不下我啊，真不知道我会死在哪一天！"

随后，高洋大会文武百官，他语言犀利，见解不

① 其实高洋是在锻炼身体。

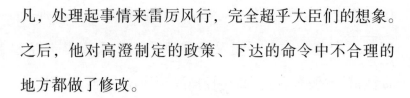

凡，处理起事情来雷厉风行，完全超乎大臣们的想象。之后，他对高澄制定的政策、下达的命令中不合理的地方都做了修改。

就这样，高洋平稳地接手了父兄的政权，控制住了混乱的局面。高洋的智谋与手段彻底震惊了元善见，他只得继续忍。

元善见想忍，高洋却不想，他觊觎皇位并非一朝一夕。公元550年，高洋逼元善见禅位，东魏至此灭亡。高洋登基即位，改国号为齐，史称北齐，高洋即北齐文宣帝。

高洋篡位的消息传到西魏，高欢的老对头宇文泰亲自率领大军前来，想试探一下这位新皇帝的虚实。高洋也明白宇文泰此时并不具备大举进攻北齐的实力，只是想吓唬一下自己，于是他纠集了六州的鲜卑战士，举行军事演练。一时间，漫山遍野都是北齐将士，山上刀枪林立，鼓声震耳，声威浩大。

宇文泰驻足观望了好一会儿，感慨万千地说："高欢并没有死啊！"于是，偃旗息鼓，退回关中。

8

宇宙大将军完蛋了

南梁太清三年（公元 549 年），侯景叛军攻陷台城，梁武帝萧衍被活活饿死。侯景过河拆桥，把围攻台城时扶立的皇帝萧正德废了，改立太子萧纲做皇帝，这就是简文帝。侯景封自己为相国，享受特殊礼遇，他想起当初梁武帝嫌他出身低，不肯把王、谢等名门之家的女子许配给他，就强娶了简文帝的女儿为妻。此时的侯景已经控制着南梁的朝政大权，掌握着百官甚至皇帝的生死。

为了显示威风，侯景打算给自己上一个封号。他挖空心思，最后想了一个牛气冲天的封号，叫"宇宙大将军"。当他把这个封号呈上去时，简文帝哭笑不得，说："将军哪有叫宇宙这个称号的？"说归说，简文帝不得不答应他。

得到了"宇宙大将军"这个前无古人、后无来者的称号，侯景虽然得意扬扬，头脑却还很清醒：目前他的军队只占有建康等地，若想进一步称帝，必须征服被萧姓藩王占据的三吴以及荆州等地。

于是，他命令手下大将宋子仙、刘神茂、侯子鉴等分兵攻打三吴地区。三吴一带自古富庶，是南梁王公贵族的聚居地，这些人世世代代享受朝廷的优待，一生下来就锦衣玉食，过着骄奢淫逸的生活，有些当官的甚至一辈子都没骑过马，更别说打仗杀敌了。所以，侯景的军队一到，很快就控制住了吴地，并且队伍发展壮大到十几万之多。

侯景在三吴地区尝到甜头，又沿江西进，先后拿下江州①、郢州，声威大振。紧接着，他又带领二十万

---

① 治所迁至今江西九江市西南。

水军，乘胜进攻巴陵^①。结果在这里，侯景遇到了他的大克星——湘东王萧绎。

萧绎是梁武帝萧衍的第七子，文武全才，受命镇守荆州。他是个极具野心的人，一直对皇位虎视眈眈。侯景叛军围困台城时，手握重兵的萧绎为保存实力，选择见死不救。梁武帝一死，他就着手铲除皇位竞争者，先攻打河东王萧誉、邵陵王萧纶，又击退岳阳王萧詧，迫使萧詧归附西魏。之后，他才腾出手来对付侯景。恰逢侯景也要来打他，萧绎便命令大都督王僧辩率军迎战。

侯景看出巴陵城易守难攻，便派宋子仙带领一万先锋队进逼巴陵，命部将任约挥师攻打江陵，他自己则亲率大军水陆并进，几天后来到巴陵城下。

奇怪的是，巴陵城墙上连面旗帜都没有，城内静悄悄的，好像一个人都没有。侯景很疑惑，就派一名轻骑兵到城下大声问道："城内守将是谁？"

---

① 治所在今湖南岳阳市。

这时，一个声音从城内飘了出来："王僧辩。"

那名轻骑兵高声喝道："为什么不早点儿投降？"

王僧辩不慌不忙地答道："侯景不是要夺荆州吗？小小的巴陵城自然不在话下喽。有种就放马过来呗！"

侯景气得半死，命令将士挖通道，肉搏攻城。原本悄无声息的城中突然鼓声大作，喊声震天，巨石、飞箭如雨点一般落下来，侯景的将士死伤惨重，活下来的都抱头鼠窜。侯景忙命大军撤退，结果城中冲出来一支轻骑兵，把他们打得落花流水，待侯景下令回击时，梁军的轻骑兵一阵风似的跑回城里。梁军就这样连续出击了十几次，次次都获胜。

侯景火冒三丈，披上铠甲亲自督战，他坐在马上，远远地望向城内，只见王僧辩披着战袍，坐着轿子，巡视慰问守城将士，他身后的军士奏着鼓乐，看上去从容镇定。侯景不禁叹服："这个王僧辩真是大胆啊！"

侯景不甘失败，他整顿军队，不间断地攻打巴陵，却一直攻不下来。时间一长，军中粮食供应不足，许多将士又染上疾病，死了不少人。这时又传来任约被萧绎的部将胡僧祐活捉的消息，侯景无心再战，便烧了营帐，连夜逃了。

王僧辩见侯景逃走，便带兵东征，杀了被侯景留下守城的宋子仙，夺回郢州。

侯景逃回大本营，正惊魂未定，又听说宋子仙等猛将战死了，他担忧自己活不长，就想早日过把皇帝瘾。王伟看出他的心思，建议道："自古以来，夺取他人的政权，都要有废有立，这样既显示您的权威，又可以断了老百姓的念想。"侯景听从了他的建议，逼简文帝把皇位禅让给豫章王萧栋，并派人杀死了简文帝。没过多久，侯景又逼萧栋把皇位禅让给了自己，改国号为汉。

王伟奏请按礼仪建立七庙，侯景是个没念过什么书的大老粗，便问道："什么叫七庙？"

王伟说："七庙是天子祭祀自己往上数的七代祖先的宗庙。"并请侯景说出他上数七代祖先的名讳。

侯景摸了摸脑袋，为难地说："其他祖先的名字我不记得了，我只记得我父亲名叫标，而且他在北方，哪能跑到南方来吃祭饭!"左右听了都觉得好笑。

侯景当宇宙大将军的时候,喜欢交朋结友,出门玩乐。自从当皇帝后,王伟老是用一些皇家礼仪约束他的言行,轻易不让他接见过去的部将,大家都开始抱怨。侯景不能随心所欲,内心不乐,经常自言自语地说:"好端端的我当什么皇帝呀?当了皇帝连见老部下的自由都没了,跟遭到抛弃有什么两样!"

萧绎听说侯景篡位称帝,命王僧辩领兵讨伐,另派部将陈霸先率部与王僧辩会师。陈霸先出身贫寒,早年因作战勇猛、在平定交州的叛乱中立下大功,受到梁武帝的器重。梁武帝称赞他是岭南一带的擎天柱,还专门让人画了他的像放在朝堂内观赏。侯景之乱爆发后,陈霸先召集兵马,打算讨伐侯景,考虑到自己势单力薄,就率众投奔了实力强劲的萧绎。萧绎很欣赏他,便委以重任。

王僧辩与陈霸先在白茅湾①顺利会师,两军筑坛歃

---

① 在今江西九江市东北。

血，将士们个个慷慨激昂，誓死杀敌。

不久，王僧辩的大军抵达芜湖^①，侯景的守将张黑弃城逃跑。侯景听说后非常害怕，却装模作样地发布诏书，说要赦免萧绎、王僧辩的罪行，许多人私底下都嘲笑他。

当时，侯景的部将侯子鉴率领水军驻扎在姑孰一带，侯景曾经告诫他说："萧绎的将士擅长水战，你千万不要和他们在水上决高下。上次任约就是在水战中失败的。你最好安营扎寨，引他们到陆地上打一仗，这样胜算就很大。"侯子鉴就命将士们下船上岸，紧闭军营大门，不轻易出来。

王僧辩的军队在芜湖停留了十几天，有人就对侯景说："西边来的军队害怕我军强大的实力，看样子要逃跑，如不出击，就会让他们溜了。"于是侯景又命令侯子鉴作水战的准备。

几天后，王僧辩率军抵达姑孰，侯子鉴率领一万

---

① 今属安徽。

多名将士渡过水洲，在岸上挑战。王僧辩指挥小船，让它们都退到后头去，只留大舰船在两岸夹江停泊。侯子鉴的士兵误以为对方的水军要撤退，争着出来追赶。这时，王僧辩就让大船开过去，截断侯军的归路，然后命令将士一起呐喊鼓噪，从两边夹击，把侯子鉴的军队逼到江心交战。结果，侯子鉴大败，几千士兵跳进水里淹死。

侯景得知侯子鉴战败，大惊失色，泪流满面，怕被左右瞧见，便拉过被子躺下，过了很久才起来，叹息着说："侯子鉴，你可把老子害惨了！"

王僧辩乘胜督率各路水军抵达建康，陈霸先在石头城西面的落星山扎营筑栅，其他军队依次修建了八个城堡，对建康城形成包围之势。侯景让王伟守台城，自己率一万名士兵、八百铁甲骑兵迎战。

为了分散侯景的兵力，陈霸先兵分几路进攻。侯景的人马打不过陈霸先，惊慌退回营栅，有个将领害怕，偷偷打开北门投降。侯景只好带着一百多骑兵，扔掉长矛，手执短刀，与陈霸先展开了白刃战，结果还是不敌，侯景只好丢盔弃甲，逃窜而去。

侯景逃回宫中，派人把王伟叫来，责备他说："都怪你，为什么劝我当皇帝？你把我害苦了！"王伟无言以对。

侯景想不出别的办法，打算逃出城，他刚骑上马，王伟上前一把抓住他的马鞍，劝道："宫中还有很多卫兵，不如组织起来，和敌人决一死战！今天离开这里，您将到哪儿去安身呢？"

侯景叹息说："我过去打败贺拔胜，击破葛荣，威震北方。后来南渡长江，攻破台城，降服几十万梁军易如反掌。这次是老天爷要收拾我啊！"说完，他丢下王伟，带着几名亲信逃出建康。

他们抢到一条小船，准备逃回北方。同行的羊鹍、王元礼等人觉得再跟着侯景没有前途，便趁他睡觉时，命船家调转船头。侯景醒来发现方向不对，便问："怎么回事？"

羊鹍等人把刀架在侯景的脖子上，对他说："当初我们为您出过不少力，到头来什么好处也没捞着，现在想借你的项上人头换点富贵享用。"说完，将侯景杀死。

羊鹍等人将侯景的尸体运回建康。王僧辩把侯景的首级传送到江陵，又砍下他的手，派人送到北齐。随后，王僧辩命人将侯景尸体扔在市集上，建康城的百姓几乎每家都与侯景结下血海深仇，都争着去割他的肉吃。

侯景出兵前告诫部下说："一旦攻下某座城池，就要杀它个干干净净，必须让天下人见识一下我宇宙大将军的厉害！"所以，他的军队每次打了胜仗，都在当地烧杀抢掠，无恶不作，甚至杀人取乐，把繁华的江南变成人间地狱，社会经济遭到毁灭性的破坏，加剧了南弱北强的形势。侯景之乱虽然结束了，但由它引发的南方大动荡，却远未结束。

9

梁元帝烧了十四万卷书

公元 552 年，湘东王萧绎平定侯景之乱，在江陵登基称帝，他就是梁元帝。元帝才华出众，写诗作画样样精通，可以说是一位才子皇帝。元帝喜欢读书，常常让侍从为他读书，有时他睡着了，但如果侍从读错了或者漏读了，他会马上惊醒过来。元帝还喜欢收藏书，几十年的时间里，积攒下了十几万册图书，侯景之乱平定后，他还把建康的几万册藏书运到江陵。

这天，元帝正在欣赏他的个人藏书，有人匆匆来报："武陵王萧纪率领大军攻打荆州，说是要讨伐侯景，不知道是不是醉翁之意不在酒。"

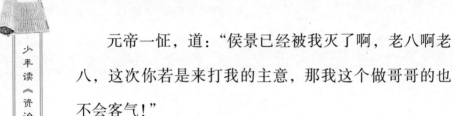

元帝一怔，道："侯景已经被我灭了啊，老八啊老八，这次你若是来打我的主意，那我这个做哥哥的也不会客气！"

萧纪是梁武帝萧衍的第八个儿子，很有武艺韬略，深得梁武帝喜欢，被派到成都担任益州刺史。萧纪治理蜀地十几年，政绩卓著，梁武帝对他的表现非常满意，不断给予各种封赏。这让其他皇子很忌恨。侯景之乱爆发后，萧纪想发兵救援建康，元帝怕弟弟趁机壮大实力，就写信说："放心好了，有哥哥我呢！"萧纪便没有发兵。

梁武帝死后，萧纪抢先一步在成都称帝。由于蜀地偏远，音信不通，萧纪并不知道侯景之乱已经平定，他的儿子萧圆照想鼓动父亲攻打荆州，就隐瞒元帝已经平定侯景的消息，对他说："侯景还没平定，应该赶快发兵讨伐，我听说荆州已经被侯景攻破了。"萧纪信以为真，所以带着大队人马火速前来。

元帝早就对萧纪抢在自己前头称帝不满，现在听到他出兵东进的消息，认定他是冲自己来的，就让一个会法术的方士在木板上画上萧纪的图像，元帝亲自在图像的躯干和四肢上钉上钉子，希望用这种方法把弟弟诅咒死。接着，元帝让人把侯景的俘虏押送到萧纪那里去，告诉他侯景已经平定了。

萧纪这才知道自己搞错了，他非常后悔这次出兵，就责备萧圆照。萧圆照振振有词地说："侯景之乱虽然平定，但江陵的湘东王并没有臣服呀！"萧纪一想也对，既然自己现在是皇帝了，怎么能向他人称臣呢，于是将错就错，继续东进，攻打江陵。

出发前，萧纪为了鼓励将士们死战，特地将经营益州时攒下的金银财宝拿出来，命人做成一斤重的金饼一万个，银饼五万个，足足装了几百箱。将士们都被刺激得热血沸腾，纷纷表示要战斗到底。

元帝见萧纪大军来势凶猛，战船多得把宽阔的江面都填满了，不禁害怕起来，于是写信给西魏的宇文泰求援，请他们出兵攻打益州。

宇文泰大喜，说："真是天助我啊，萧家兄弟内讧，这是我夺取益州、攻灭梁国的大好机会呀！"便派大将尉迟迥前去讨伐益州。

元帝又把侯景的降将任约、谢答仁等人从监狱里放出来，让他们戴罪立功，协助大将陆法和抵抗萧纪。

一开始，由于有金饼、银饼的刺激，萧纪的将士都很拼命，几次战斗都取得了胜利。回营后，将士们都伸长了脖子，等着发金饼、银饼，没想到萧纪一点儿动静都没有，大家这才意识到所谓的金饼、银饼不过是画饼，就不肯再替萧纪卖命了，于是连吃败仗。偏偏这时又传来消息说，西魏的军队已经包围了成都，将士们更加没有斗志了，都惦念故乡的亲人，希望快点撤军。

萧纪也害怕老巢被端，便写信给元帝求和。元帝见形势对自己大大有利，哪里肯答应，派兵猛攻，并切断了萧纪的后路。萧纪没了退路，只好顺流东下。元帝派大将樊猛急追，还给他下了死命令："如果让萧纪活着，这仗就算败了。"

樊猛追上萧纪的船，萧纪在船上绕着床跑，一边跑，一边把装金子的口袋扔向樊猛，说："这袋金子你拿去，只求你送我去见我哥哥。"樊猛冷笑说："天子怎么能随便让你见到？杀了你，金子能跑到哪儿去呢？"说完就把他杀了。

得知萧纪死了，元帝高兴得有点儿忘乎所以，兄弟侄子灭得差不多了，得考虑把都城迁回建康啦。不过，迁都是大事，他便召集群臣商议。不料，反对的和赞成的各占一半。反对的人说，建康那地方的王气已经尽了，而且和北虏只隔一条长江，不安全。赞成的人则说，荆州虽然是边疆军事重镇，却不适合帝王居住，建康是梁朝的旧都，祖宗陵墓的所在地，应该回去。

元帝也拿不定主意了，就让术士占卜，结果说迁都不吉利。元帝想着经过侯景之乱，建康已经凋敝残破，就打消了迁都的念头，安心留在江陵。

不过问题又来了。萧纪死后，益州就被西魏控制了，而荆州的重镇襄阳又在投降了西魏的萧詧手中，西魏一旦来攻，只要顺着长江东下就行了。

想到这点，元帝就给宇文泰写了封信，要求按过去的版图来划定边境线，语言傲慢无礼。

宇文泰正愁没理由征讨南梁呢，他指着信对左右说："萧绎难道忘了自己是怎么打赢他弟弟的？看来，天意要让梁国灭亡！"于是秘密准备攻打南梁。

有个投降了西魏的南梁旧臣偷偷写信告诉元帝，让他防范西魏入侵，元帝连连摇头说："不可能，不可能。"

西魏元钦三年（公元554年）十月，宇文泰派柱国大将军于谨、中山公宇文护、大将军杨忠率领五万人马攻打南梁。这时，被西魏封为梁王的萧詧也写信请求联合西魏大军攻打江陵，宇文泰便让他带兵和于谨会合一处。

和崇尚佛教的父亲梁武帝不同，元帝尊崇道教，经常亲自讲经论道，一讲就是好几天。接到西魏入侵的报告时，元帝正在讲论《老子》，他停下来问大臣们的看法。

大臣黄罗汉说："宇文泰和我们一向交好，过去相互间也没有发生不愉快的事，我想不会来攻打我们吧!"

侍中王琛也附和说:"我去年出使魏国时,宇文泰的态度相当友好,绝不可能发兵来打我们。"

元帝有点儿犹豫不决,便派王琛出使西魏打探情况。三天后,西魏大军抵达襄阳,元帝听说后宣布全城戒严。而王琛抵达边境后,没有见到西魏的军队,就派人送急信报告元帝,说:"边境上一片安宁,谁说魏国要攻打我们,简直是儿戏之言。"

元帝将信将疑,又恢复讲《老子》,但让百官穿着军装听讲。大将陆法和听说西魏大兵压境,打算带兵从郢州前来抗敌。元帝连忙派人去拦住他,说:"你好好镇守郢州,我这儿自能打败敌兵。"陆法和无奈,只得回去。

没多久,西魏军队渡过汉水,于谨命令宇文护、杨忠率精锐骑兵先占领江津,切断元帝逃往建康的道路。元帝这才连忙向四方求援,可是远水救不了近火,王僧辩和陈霸先的军队远在建康、京口,不能及时前来,元帝只得征召广州刺史王琳救援。

王琳的援军还在路上，西魏大军已经兵临城下。梁将朱买臣、谢答仁等人只得硬着头皮出城迎战，却被打得落花流水，败回城内。西魏军队趁势从四面八方一齐攻城。城里的守军扛着门板当盾牌，大将胡僧祐冒着飞箭流石，昼夜督战，一次次击退魏军的进攻。可是，胡僧祐不幸被飞箭射死，城中军民顿时惊慌失措。西魏军队听说后，倾巢而出，发起最后的强攻。城内有几名将士眼见江陵不保，便打开西门迎接西魏军进城。

这天傍晚，江陵陷落。元帝躲进东竹殿，他命令大臣高善宝将自己收藏的古今图书十四万卷堆在一起。

元帝看着堆成小山一样高的书籍，下令道："都烧了吧！"

高善宝大惊："这些书可是皇上您几十年的心血……很多都是珍贵的孤本啊！"

元帝面无表情，不再说话，高善宝只好点火。

火舌在书册上翻卷，旺盛而猛烈，元帝呆呆地看着自己一生的心血化为灰烬，突然纵身往火里跳去，打算自杀。左右侍从大惊，死命拉住了他。

元帝又用宝剑砍断柱子，不料，宝剑折断，他长叹一声，说道："书烧了，剑折了，文武之道，今天晚上全完了。"

谢答仁、朱买臣劝他说："城里的兵力还算强大，今夜可以趁黑突围出去，再渡过长江去依靠任约的军队。"

元帝不善骑马，有点儿畏难地说："这个计划肯定不会成功的，只不过徒增羞辱罢了。事已至此，和谈吧。"于是，他派人给于谨送去降书，并将太子送去当人质。

人质刚送到西魏军中，元帝就丢掉皇帝的行头，穿着素衣，骑着白马，逃奔东门。不想城门紧闭，他抽出宝剑一边砍门，一边恨恨地说："萧世诚①啊萧世诚，你怎么会落到这个地步啊！"

西魏将士一窝蜂拥了上去，将元帝拉下马，押送

① 萧绎，字世诚。

到于谨的军营中。于谨的左右有几个爱读书的人，质问他："你是一个读书人，为什么要毁了那么多书？"

元帝振振有词地回答："我读书万卷，还不是落得亡国的下场，读书有什么用？干脆烧了它！"几天后，元帝被梁王萧詧派去行刑的人，用装满土的袋子活活压死了。

为了帝位，元帝残害自己的骨肉，导致南梁屡屡损失疆土，以致江陵无险可守，而对真正的敌人西魏却不防范，这些都注定了他迟早要覆灭。元帝到死都不明白自己亡国的原因，而归罪于书，从而引发了中国历史上继"焚书坑儒"之后又一次罕见的文化浩劫，成为千古罪人。

10

陈霸先以姓氏为国号

梁元帝萧绎死后，太尉王僧辩与大将陈霸先因为战功卓著，深得人心，便站出来主持大局。经过反复商量，他们决定拥立元帝的儿子萧方智为梁王，行使皇帝的权力。

而西魏虽然攻陷江陵，却无力一举消灭南梁，就扶立萧詧为皇帝，建立傀儡政权——后梁①，但只让他掌管荆州界内的一块狭长的土地，宽不超过三百里，而他原来据守的襄阳则由西魏掌控。

---

① 也称西梁。

北齐文宣帝高洋一直关注着南朝事态发展，他见西魏抢先一步扶立了后梁皇帝，决心也在南方扶植一个受北齐控制的政权，便写信给王僧辩说："你们立的君主才十三岁，还是一个乳臭未干的小孩子，怎么能够承担复兴梁国的重担呢？贞阳侯萧渊明①年富力强，民望很高，是皇帝的最佳人选。只要你们拥立萧渊明为帝，以后我们保证不侵扰你们的边境。"高洋摆明了想操控南梁内政，自然遭到王僧辩的拒绝。

　　高洋一看软的不行，就来硬的，派重兵护送萧渊明回国即位。齐、梁两军在江北相遇，发生激烈的战斗。北齐军队痛击王僧辩大军，还俘虏了不少南梁将士。王僧辩见北齐实力如此强大，开始犹豫了。北齐又不失时机地开出了诱人的条件，答应萧渊明当皇帝后，仍由王僧辩主政，同时萧方智可以当皇太子。

　　王僧辩心里盘算开了：只要我个人的利益可以得到保证，立哪一个姓萧的当皇帝还不是一样？于是，

――――――――――

① 梁武帝的侄子，寒山之战中被北齐（当时还是东魏）俘虏。

他不顾陈霸先的苦劝，迎立萧渊明为皇帝，改立萧方智为皇太子。

这样一来，西魏与北齐就各自在南方立了一个傀儡皇帝，他们都以为自己控制住了南方的局势。然而，这次西魏与北齐都想错了，因为他们完全忽略了一个人：陈霸先。

当初，陈霸先和王僧辩并肩作战，共同平定侯景叛乱，结下了深厚的友情。陈霸先曾经慷慨地支援过王僧辩大批军粮，帮助他渡过难关，王僧辩非常感激，双方约定成为儿女亲家。后来，王僧辩长期镇守建康，陈霸先则驻扎在京口。王僧辩对陈霸先推心置腹，无话不谈，王僧辩的哥哥多次劝他要对陈霸先有所提防，王僧辩总是不听，还说我们关系好着呢。然而，陈霸先心里明白，虽然目前他们关系好，但一山不容二虎，随着政见上的分歧越来越多，他们之间的关系将不可避免地会发生变化。

事情发展果然如陈霸先所料。王僧辩一意孤行，坚持迎立萧渊明为帝，让陈霸先非常恼怒，担心王僧辩后面会有更不利于自己的动作，便私下对左右亲信说："武帝的子孙那么多，只有元帝能够平定侯景之乱，为祖宗报仇雪耻。元帝的儿子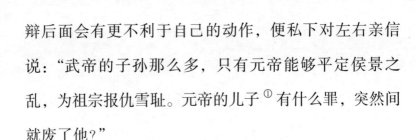有什么罪，突然间就废了他？"

左右也担忧地说："您与王太尉都是元帝的重臣，现在他擅作主张依附高洋，不按长幼次序立天子，根本没把将军您放在眼里，这……往后恐怕不妙啊！"

陈霸先深思良久，毅然说道："既然如此，我们得早做打算。"王僧辩实力强大，如果正面交锋，陈霸先未必是他的对手，这件事要想成功只能智取。陈霸先就开始秘密准备起作战物资，又安排一些士兵，乔装打扮成北齐兵，在齐、梁边境频繁活动，并散布北齐要攻打南梁的消息。

王僧辩果然上当了，他派人到京口向陈霸先通报："齐国大军将要进犯我国，请陈将军整顿军队，做好戒备。"

---

① 指萧方智。

陈霸先心中暗喜，打算趁机举兵袭击王僧辩。他让侄子陈昙朗留下镇守京口，派部将徐度、侯安都率领水军直逼建康，自己则率领步骑兵从另一条路线去与他们会合，对外则宣称是朝廷征调军队抵御北齐的进犯。

当天夜里，各路兵马都出发了，并在两天后顺利会合。侯安都正想指挥舟舰奔袭石头城，陈霸先却想试探一下，看几位将领的意志是否坚定，便故意勒住缰绳，停马不前。

侯安都性情急躁，以为陈霸先事到临头下不了决心，心中大惊，就拍马追上陈霸先，劈头盖脸就是一通骂："我们带兵造反，走到这一步，已经无法挽回了。现在，是生是死您必须马上做出决断！您迟疑不前，到底在想什么？"

陈霸先故意沉默不语，侯安都又急又怒，继续骂道："这件事如果失败，我们大家都是死路一条。您以为停在这里不前进就可以保命吗？"

陈霸先被痛骂了一通，反而暗自高兴，心想："侯安都怪我不下决心，生我的气呢！"于是策马前进。

侯安都的军队到了石头城北，将士们弃船上岸。这里和山冈高坡相连，城墙容易攀爬，将士们披着盔甲，手握长刀，不方便攀墙。侯安都就想了个主意，对手下将士说："把我抬起来，用力抛到城墙上。"这个办法果然行。将士们就这样一个接一个地被抛上城墙，再跳入城中，一直进到王僧辩的卧室。与此同时，陈霸先的人马也从南门攻入。

王僧辩做梦也没想到陈霸先会突然对自己动手。此时他正在处理朝廷政务，听到报告，连忙丢下笔，提上佩刀就冲出门来，与侯安都的将士们展开搏杀。王僧辩与几十名亲信苦苦抵挡，终究寡不敌众，只得边打边退，跑到南门楼上。他站在楼上往下看，打算找一个地方突围出去，却看到一支军容齐整、士气高昂的军队静候多时，为首的正是他昔日的老战友陈霸先。

陈霸先命人点燃火把，对着门楼上的王僧辩喊话："快下来！否则我就烧了这座城楼！"

王僧辩只得下楼，陈霸先和将士们将他团团围住。王僧辩以为肯定有什么误会，正想开口，陈霸先抢先质问道："我犯了什么错，你要联合齐国军队一起讨伐我？"

王僧辩不明所以，一时竟然张口结舌。

陈霸先又盯着王僧辩，厉声喝道："齐国大军来犯，你毫无戒备，又是什么意思？"

王僧辩更觉得莫名其妙，答道："我派你驻扎在京口，守护建康城的北门，怎么能说我对齐国军队没有戒备？"

陈霸先根本问不出什么来，也不打算问出什么，当天夜里，就把王僧辩及其亲信绞杀了，并对外宣称："王僧辩阴谋造反，所以杀了他。"

萧渊明见靠山倒了，就知趣地说："这个皇帝我也不想当了。"他搬出宫廷，回到自己原来的府邸。

陈霸先随即拥立萧方智即皇帝位，这就是梁敬帝。陈霸先因拥立有功，被封为尚书令，全权负责国家的军事事务。

虽然轻松灭掉对手王僧辩，但是陈霸先一刻也没有放松。他心里明白，王僧辩的旧部遍布江南各地，实力强劲，肯定不会服从自己，而北齐在南朝的布局就这样给搅黄了，自然也不会善罢甘休。陈霸先只能硬着头皮，先对付北齐大军的进攻。经过数次艰难的战斗，他把北齐赶回了长江北岸。为了稳住北齐，陈霸先向北齐称臣，又送去人质，双方订立友好盟约，之后他才腾出精力平定王僧辩旧部的叛乱，剿灭了南方各地的割据势力，稳住了局势。

由于军功卓越，陈霸先先后得到丞相、太傅、相国、陈王等封号，又获得加赐黄钺、九锡等特殊待遇。势力壮大了，陈霸先逐渐有了非分之想。公元557年，他逼梁敬帝把皇位禅让给了自己，南梁自此灭亡。陈霸先建立陈朝，史称南陈，这也是中国历史上唯一以皇帝姓氏为国名的朝代。陈霸先就是陈武帝。

在南方陈朝立国的同一年，北方的宇文氏也逼迫西魏恭帝禅位，建立北周政权，加上早在七年前由高洋建立的北齐政权，北朝两国与南陈仍然保持南北对峙的状态。不同的是，在侯景之乱发生之前，南朝与北朝实力基本相当，谁也消灭不了谁。侯景之乱时，北朝两国趁机吞并了南朝的大片国土，到了陈武帝建国，陈朝的版图已经相当狭小，国力衰弱，北强南弱的局面已无法逆转。

11 宇文护连杀三帝

西魏文帝元宝炬去世后，太子元钦即位，但他不甘心当个傀儡皇帝，就想弄死宇文泰，结果被安定公宇文泰废了，改立他的弟弟元廓为帝，帝室的姓也恢复为拓跋。拓跋廓即魏恭帝，他比较识时务，凡事都交给宇文泰，自己安心地做傀儡皇帝。

两年后，即公元556年，是宇文泰主政的第二十二个年头。此时西魏吏治清明，百姓生活蒸蒸日上，国家实力日益强盛。但是，宇文泰并没有因此沾沾自喜，他清醒地认识到，东边有强大的北齐在虎视眈眈，南边梁国的残余势力仍在垂死挣扎，要达成统一天下的宏愿，仍需不断努力。这年四月，一向勤勉的宇文泰前往北方巡视，他万万没想到，这竟然是一条不归路。

九月，宇文泰在回程途中不幸染上疾病，这场病来得又急又重，他预感留给自己的时间不多了，急忙召侄子、中山公宇文护前来交代后事。

等宇文护快马加鞭赶到时，宇文泰已经病入膏肓，宇文护见叔父已经奄奄一息，不由得泪流满面。

宇文泰微微睁开眼睛，示意左右扶他坐起身来，他对宇文护说："我几个儿子年纪都很小，外面的敌寇却很强大，以后啊……天下大事就全交给你了，你要努力实现我平生的志愿。"

宇文护悲不自胜，叫了声："叔父……"

宇文泰平静地看着他，说道："现在不是哭的时候。你照我说的去办吧。"

十月，宇文泰去世，世子宇文觉继承他的爵位，由宇文护辅佐政事。宇文护虽然是宇文泰的托孤大臣，但他没有立过显赫战功，年纪又轻，名望地位一向不高。当时西魏有于谨、赵贵、独孤信、侯莫陈崇等六大柱国将军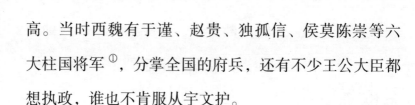①，分掌全国的府兵，还有不少王公大臣都想执政，谁也不肯服从宇文护。

宇文护见难以服众，就私下拜访于谨，向他请教对策。于谨当年向宇文泰建议迁都关中，又随其南征北战，名望很高，为人却低调谦让。

于谨诚恳地对宇文护说："安定公生前对我恩情深重，这样的国家大事，我一定不惜一切为你争取。明天各位王公大臣商讨国策，到时候你千万不要退让。"

第二天，王公大臣们聚集在一起议论国家大事。于谨清了清嗓子，大声说："我们魏国有了今天这样繁荣的局面，要归功于安定公。现在安定公突然去世，世子年幼，中山公受安定公的顾命之托，军国大事，按理应该由他统一掌握。"

① 当初，北魏孝庄帝元子攸任命尔朱荣为柱国大将军，地位在丞相之上。尔朱荣败亡后，这个官职也就废止了。后来，西魏文帝元宝炬又任命丞相宇文泰为柱国大将军，这以后凡是有辅佐皇帝之功、名望和实绩并重的大臣，都封上这个官职。当时共有八个人当过柱国大将军，即安定公宇文泰、广陵王元欣、赵郡公李弼、陇西公李虎、河内公独孤信、南阳公赵贵、常山公于谨、彭城公侯莫陈崇，统称为八柱国。宇文泰建立府兵制，设立二十四军，除了广陵王元欣，其他六位柱国大将军各统率其中两个大将军，每个大将军又各统率开府二人，每个开府各领一军。

于谨说这番话时声色俱厉，众人大受震动，一时鸦雀无声。宇文护见状，赶紧接话说："辅政之事，也是我们宇文家的家事。我虽然资质平庸，又怎么敢推辞呢？"

作为西魏的开国功臣，于谨与宇文泰一样享有崇高的地位，宇文护作为晚辈，平时都要向他行跪拜礼。但此时，于谨对宇文护说："要是中山公您能出来主持大局，我们这些人就都有了主心骨。"说完，他向宇文护跪拜了两次。

于谨一带头，其他王公大臣迫于压力，也跟着向宇文护跪拜了两次，宇文护便顺利接管军政大权。

安葬了宇文泰后，恭帝把岐阳之地①分封给宇文觉，并封他为周公。宇文护考虑到宇文觉幼弱，想趁宇文泰的影响力还在，早日夺取政权，便逼迫恭帝把帝位禅让给宇文觉。不久，宇文护为绝后患，又命人暗中杀了恭帝。西魏灭亡。

---

① 岐山是陕西岐山县北部山脉，是周文化的发祥地，所谓岐阳，即指岐山之南（山南为阳）。

公元 557 年，宇文觉即位，国号为周，史称北周，他就是北周孝愍帝。宇文护被任命为大司马，封为晋公，成为北周实际的主宰者。

柱国大将军赵贵、独孤信过去和宇文泰在朝中享有同等地位，他们对宇文护独掌政权都快快不乐。赵贵便谋划刺杀宇文护，但被独孤信制止了。后来有人告发了这件事，宇文护就把赵贵抓起来杀了。独孤信名望大，宇文护不愿公开杀他，先以同谋罪将他免职，后逼他自尽。

有个叫齐轨的大臣见宇文护随意诛杀功臣，非常气愤，逢人就说："国家的军政大权应该归天子掌握，怎么可以到现在还在权贵手里呢？"宇文护听说后，又把齐轨给杀了。

这件事极大地刺激了孝愍帝。他虽然才十六岁，还是个半大的孩子，但性格刚强果敢，对宇文护霸道专权、滥杀功臣也很反感。大臣李植、孙恒平时就与宇文护不和，他们看出了孝愍帝的不满，便与孝愍帝的近臣乙弗凤、贺拔提一起，在孝愍帝的面前说宇文护的坏话。

李植、孙恒说："自从杀死赵贵与独孤信，宇文护的权势就与日俱增，朝中大事小事，都由他一个人说了算，百官争相去讨好他。照这样下去，宇文护迟早会篡夺大位，希望皇上早做打算，以绝后患！"

乙弗凤、贺拔提也附和："宇文护常常把自己比成古代的周公，我听说周公摄政七年才归政，难道陛下要忍受七年之久？"

这些话真是说到孝愍帝的心坎里了，他才不想忍七年，他现在就要当一个真正的君主！于是，孝愍帝亲自遴选了一批武士，每天让他们在宫廷后园练习捉拿捆绑术，准备对付宇文护。

宫中处处是宇文护的心腹，很快就有人向他告密了。宇文护发现孝愍帝竟然牵涉在内，吃了一惊，生怕处理不当会引发宫廷动荡，便找了个理由将李植、孙恒调到外地任职，以此瓦解他们的阴谋。

孝愍帝毕竟年少，体会不到宇文护的良苦用心，没过多久，他就对宇文护说："我想召见李植、孙恒两人。"

　　宇文护知道，如果放任他们聚到一起准没好事，便痛哭流涕地谏阻说："兄弟亲情，可以说是天下最亲的。如果兄弟之间还相互猜疑，又有谁可以信任呢？太祖①因为陛下年幼，把后事托付给我，我对陛下的忠诚既包含兄弟亲情，又有君臣之义。我担心过早还政给您，会被奸臣利用，危害国家，那样的话将来我有什么面目见九泉之下的太祖呢？何况，我是天子的堂兄，官位也做到了宰相，还能有什么别的想法呢？请陛下不要相信谗言，疏远骨肉之亲。"

　　这番话说得合情合理，孝愍帝只好暂时放下召回李植等人的心思，但他心里还是怀疑宇文护。过了几天，他又悄悄与乙弗凤等人策划，准备趁群臣入宫参加宴会的时候，把宇文护抓起来杀掉。

　　结果，又有人向宇文护告密。宇文护非常愤怒，这次他不想善罢甘休，便把柱国大将军贺兰祥、领军尉

---

① 指宇文泰。

迟纲等人找来，告诉他们事情的经过，最后委屈地说："我为国事日夜操劳，皇上却受奸人的教唆想杀了我！"

贺兰祥便建议说："不如废了他另立新皇。"尉迟纲等人也赞同这个做法。宇文护很高兴，便与他们定下废立计划。

当时，尉迟纲掌管宫廷禁军，宇文护派尉迟纲入宫，把乙弗凤等人召来商议国事。等他们一到，尉迟纲就把他们全都抓起来，同时把宫中的宿卫兵全部换掉了。

孝愍帝察觉到事情突变，躲在内殿不肯出来，命宫女太监们拿着刀枪站在殿前保护自己。这些宫人哪里是贺兰祥他们的对手？不过三两下，孝愍帝就被抓了出来，幽禁在他过去做略阳公时的旧宅中。

一切安排妥当，宇文护把公卿大臣召集起来开会。他先痛诉孝愍帝企图谋杀自己的行径，然后说："事到如今，我是宁可辜负安定公，也不能辜负国家。我打算废黜昏君，另立明主，你们觉得怎么样？"

众大臣已经在赵贵与独孤信事件中领教过宇文护

的厉害，现在哪里敢说半个不字，都说："哎呀，这是你们宇文家的家事，您说了算！"

宇文护要的就是这句话，他提出立宁都公宇文毓为皇帝，又将乙弗凤、孙恒、李植等人斩首。没过多久，宇文护又把孝愍帝杀了。

明帝宇文毓聪明机敏，胆识过人，不肯什么都听宇文护的。宇文护担心他会像孝愍帝那样，就试探地提出要归还朝政大权。明帝到底年轻，没有什么政治斗争经验，以为宇文护真心归政，高兴地答应了，开始着手处理国事，还准备进行一番改革。

宇文护又惊又怕，买通御膳房一个叫李安的厨子，让他在糖饼里下毒。明帝吃了糖饼，腹部如刀绞般疼痛，他意识到自己遭到暗算，弥留之际口授了五百多字的遗诏，把帝位传给大弟弟宇文邕，并说："我的儿子年幼，不能负起治理国家的重任。我的弟弟宇文邕为人宽厚，气度不凡，见识远大，一定能弘扬我家帝业！"

公元 560 年，宇文邕即皇帝位，朝政大事继续由宇文护做主。宇文邕即北周武帝。

12

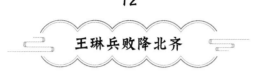

王琳兵败降北齐

　　王琳原来是梁元帝萧绎的部将，跟着王僧辩一起讨伐侯景，后来又跟着打败萧纪，立下大功。梁元帝忌惮王琳手下兵势强盛，又得到民众拥护，就把他外放到广州当刺史。西魏进攻江陵时，梁元帝征召王琳救援。结果王琳的大军刚到长沙，梁元帝就被西魏人杀死，王琳只得据守长沙观望。等到陈霸先诛杀王僧辩掌握大权后，王琳看出陈霸先的野心，便盘踞长江中下游，招兵买马，修造舟舰，摆出与陈霸先对抗到底的架势。陈霸先很恼火，派侯安都与另一名部将周文育兵分两路，前去讨伐王琳。

可是陈霸先不等侯安都、周文育平定王琳，就迫不及待地废黜了梁敬帝萧方智，把皇位夺了过来，从而把自己置于不义的境地，以致在前线的侯安都听说后，都叹息道："原本我们是正义之师，前去讨伐不服从朝廷的贼寇，现在却变得师出无名，失败是必然的，因为不能服众了。"

更糟糕的是，侯安都和周文育之间没有明确的职权划分，一个是西道都督，一个是南道都督，谁也不能管辖谁，他们的部将之间也相互争执，两军关系逐渐不和，最后被王琳打败，侯安都、周文育二人都被活捉。

王琳原本对陈霸先心存畏惧，这次轻易就取得了胜利，就不再将他放在眼里。第二年他率领十多万大军，沿长江东下，向建康攻去，打算一举消灭陈霸先。

为了增加胜算，王琳又向北齐求援，请求迎回当初被梁敬帝送到北齐当人质的侄子萧庄，重新建立南梁朝廷。北齐皇帝高洋当然求之不得，马上派兵护送萧庄回到江南。于是，王琳拥戴萧庄登上了皇帝位。

　　如此一来，南方就有了三个政权：北周扶植的后梁，占据武昌一带；陈霸先建立的南陈，定都建康；北齐扶持的萧庄，定都江陵。

　　后梁国主萧詧见王琳出兵建康，后方空虚，趁机出兵夺取王琳控制的长沙、武陵、南平等郡。王琳被迫两边作战，十分被动。之前被俘的侯安都、周文育等人趁机花重金买通看守，逃回了建康。陈霸先赦免了他们的兵败之罪，并恢复了他们的官职。

　　公元559年，在位仅三年的陈武帝陈霸先去世。他的儿子陈昌在荆州陷落时被西魏俘虏，陈武帝生前多次派使者前往北周[①]，要求释放陈昌，北周嘴上答应了，却始终没有遣返。因此，陈武帝一死，南陈国内就没有嫡亲的皇位继承人。侯安都和大臣们商量后，决定拥戴陈武帝的侄子、临川王陈蒨即位。陈武帝的皇后因为皇子陈昌还活着，不肯下这个命令。侯安都厉声说道："现在四方都不安定，哪有工夫想那么远！

---

① 北周取代了西魏。

临川王追随先帝四处征战，对国家有大功，今天我们必须共同拥立他为国主，不立即答应的人一律斩首。"说完手执佩剑走上宫殿，要求皇后拿出玉玺，又亲手解开陈蒨的头发，推他站到了丧事中皇位继承人应该站的位置上。皇后这才下了命令，让陈蒨继承皇帝位。这就是南陈第二位皇帝陈文帝。

王琳听说陈武帝去世，便趁南陈国内动荡，引兵东下，抵达濡须口。陈文帝考虑到侯安都是王琳手下败将，便升任侯瑱为太尉，派他与侯安都一起前去征讨。侯瑱出身巴蜀豪杰之家，每次战斗都冲在最前面，曾经跟随王僧辩讨伐侯景，立下大功，王僧辩被杀后，他归附了陈武帝，受到陈武帝的重用。

得到命令后，侯瑱就率军出发，驻扎在芜湖，与王琳的军队对峙了一百多天，没有决战。

转眼到了第二年春天，王琳见江中水位涨高了一些，估计战船可以通航，就下令战船首尾相连，沿江而下。侯瑱也率领军队向芜湖中一个叫虎槛洲的小岛进发。

两军隔着虎槛洲遥遥相对，第二天就在江上展开厮杀。两边的箭雨相互射向对方，不断有士兵掉落水中。呐喊声、急促的战鼓声，震得江水摇晃不止。渐渐地，侯瑱这边稍占上风，将王琳的军队逼回到长江西岸。

北周听说了王琳攻打陈朝的消息，趁机派兵袭击王琳的根据地——郢州。王琳得知后忧心如焚，一旦郢州丢失，军心就会动摇，必须抓紧时间与侯瑱决战。于是，王琳率领水师东下，驻扎在距离芜湖十里处。北齐也派出一万多人帮助王琳实施水战，另外还有两千铁骑屯驻在芜湖西岸助阵。

有了北齐援军的支持，王琳的军队信心倍增，士气大振。当晚，王琳军中巡逻打更的声音在夜空中回荡，一直传到南陈军营里。陈军将士都惊恐不安，侯瑱却非常平静，他早就想明白了，现在王琳有了强援，形势对自己不利，这一仗只能智取，不能硬拼。他打听到北周正在攻打郢州，料定王琳想速战速决，于是有了办法。

这天一大早，侯瑱就命令军队做饭，让将士们吃饱喝足，严阵以待。当时西南风刮得又急又猛，长江的这一段正好是由西南往东北流。王琳觉得天公作美，干脆命令军队顺风径直开向建康。

　　侯瑱知道王琳想趁着风势，一鼓作气攻下建康，便不紧不慢地从芜湖出来，跟在王琳船队后面。王琳见甩不掉侯瑱，不知怎么头脑一昏，竟然下令："扔火把，烧死他们！"于是，他手下的士兵就点燃火把，扔到陈军战船上。

　　结果，王琳的大火没烧着对方，却因为逆风烧向了自己。一时间，江面上火光冲天，浓烟滚滚，王琳的将士乱成一团。王琳顿时蒙了，不知所措。

　　侯瑱哈哈大笑，喊道："给我打！"将士们立即操纵早已准备好的拍竿^①向王琳的战船抛大石块、钉板，接着又用艨艟小舰去撞他们的船，还把熔化的铁水泼洒过去。王琳的士兵们疼得鬼哭狼嚎，抱头鼠窜，不

---

①　古时战具名。置于兵车、战舰上，利用杠杆和滑车，遥掷石块、钉板、火种等物以打击敌方。

是跳水溺亡，就是逃上岸被守株待兔的陈军砍死。

北齐的援军见王琳大军失利，也乱成一团，自相践踏，陷入泥沼之中，骑兵都扔下马匹逃跑，活下来的只有十之二三。

王琳见败局已定，便乘坐小船冲出战场逃跑。半路上，他还想把溃散的兵士收拢起来再战，但是没人愿意归附他了。此时，侯安都也带兵追上来了，一心想雪上次被俘之耻。王琳只好带着萧庄与十几个亲信逃奔北齐，其他部将纷纷投降南陈，王琳在江南的势力基本瓦解。南陈大军趁势西进，打败围攻郢州的北周大军，很快占据郢州、江州，进入湘州。

之后的几年，陈文帝东征西讨，平定了南方各地的割据势力，重新掌握了长江以南地区，稳固了南陈的政权。但是，此时南陈的国土面积，已经只有南梁时的一半了。

13

"皇位给你，别杀我儿子！"

北齐文宣帝高洋执政前期，称得上是一位英主。他重用杨愔等有才能的汉臣，在国内推行改革，肃清吏治，编制齐律；他治军有方，夺取了淮南地区，又亲征柔然、突厥①、契丹，令其闻风丧胆。为了保障边境的安全，他还下令修筑了四千里的长城。可以说，在他统治期间，北齐的国力达到鼎盛，远远强过北周与南陈。可是到后来，高洋却像变了个人似的，残暴滥杀，尤其嗜酒如命。

---

① 中国古代北方游牧民族。6世纪时游牧于今阿尔泰山以南。初臣属于柔然，后大破柔然，建立突厥汗国。

高洋没有一天不喝酒，没有一次不喝醉，一喝醉就杀人。太后娄昭君有时劝他几句，他就恶狠狠地说："你再管我，我就把你这个老太婆嫁给匈奴人！"

太后向来不喜欢这个儿子，便恨恨地对高洋说："我怎么生出你这样的孽障！"就不再和他说话。

高洋酒醒之后，跑到太后宫中痛哭流涕，说："母后，我只是喝糊涂了才胡言乱语，求您原谅，我发誓一定戒酒！"太后冷着脸，一言不发。

高洋发完誓又喝得烂醉如泥，言行一次比一次更疯狂。为此，宫人们都惶惶不安，只得小心翼翼地躲着他。

这天，高洋又喝起了酒，左一杯右一杯，没个消停。高洋的弟弟、常山王高演正好进宫禀报政事，见他喝得醉醺醺的，便劝道："皇上您成天这么喝，既伤身体，又耽误政事。希望您以天下为重，少喝一点儿酒。"

高洋正喝到兴头上，顿觉十分扫兴，命侍卫把高演的双手反剪过来按住，然后自己拔出雪白的刀架在他脖子上，骂道："你这浑小子知道什么？是哪个混蛋在背后教你劝我的?"

左右吓得大气不敢出,高演却面无惧色,昂头说:"天下人都畏惧您的淫威不敢出声,除了我谁还敢劝谏!"

高洋气坏了,大吼一声,丢了刀子,抄起一根木棒,奔上前去对着高演一顿暴打。打着打着,他突然往地上一倒。左右吓了一跳,小心翼翼地上前查看,原来高洋醉得有点儿糊涂了,就地呼呼大睡起来。

很快,高洋因为纵酒过度病倒了,几天吃不下东西,他知道自己活不了多久了,便对皇后李氏说:"人生必有一死,我没有什么遗憾的,就是担心太子年纪还小,恐怕有人会夺他的皇位!"

高洋虽然酗酒如命,但在关键问题上还是清醒的,在他看来,这个有可能夺皇位的人正是他的弟弟高演。高演才智超群,善于决断,处理政事井井有条,深得人心,娄太后也十分疼爱他。相比之下,太子高殷性格温和仁厚,待人谦恭,高洋却认为高殷性格懦弱,一点儿都不像自己,因此很不喜欢他。一次,高洋为了试探太子的胆量，让他亲手杀死一名囚犯。太子面有难色，试了好几回，仍然不忍心下手。高洋勃然大怒："没出息的东西！滚！"说着挥起手中的马鞭就要打他。太子吓得魂飞魄散，从此就落下说话结巴、胆小怕事的毛病。高洋多次嚷嚷着要把太子废了，传位给弟弟高演，都被大臣魏收、杨愔等给劝止了。

高洋想着若高演觊觎皇位，太子根本不是他的对手，所以临终前，就对高演说："要夺皇位你就夺吧，但千万别杀我儿子。"高演流着泪说："皇上请放心，我一定竭尽全力辅佐太子。"

高洋死后，太子高殷即皇帝位，尊娄昭君为太皇太后，高殷的母亲李氏为皇太后，高演任太师，高演的弟弟、长广王高湛任大司马。

高洋留下的顾命大臣杨愔、燕子献等人觉得高演、高湛二王的地位太高，又是皇帝的叔叔，怕他们会对新皇帝产生威胁，所以时时提防他们。当时，北齐的首都虽然是邺城，但晋阳才是根本之地，所以高氏父子一直据守晋阳。等到高殷去邺城继位，杨愔等人便让二王都跟着去。

大将可朱浑天和是高殷的姑父，也怕高演、高湛会做出对高殷不利的事情来，便劝燕子献等人杀了他们。燕子献就与杨愔密谋，想把太皇太后娄昭君也安置到北宫^①去，让李太后掌管朝政，并把二王派出去当刺史，但考虑到高殷天性仁厚，恐怕不会批准他们的奏请，于是直接跑去找李太后，详细分析了二王对皇上可能构成的威胁。李太后很高兴，就把这件事告诉了与自己关系很好的宫人李昌仪。谁知李昌仪也是一个守不住秘密的女人，转身就将此事报告了太皇太后。太皇太后知道了，高演自然就知道了，于是对杨愔等人有所提防。

后来，杨愔等人又觉得不能让二王都出去当刺史，便奏请让高湛镇守晋阳，任命高演为录尚书事^②。高演、高湛拜领了官职，宣布次日在尚书省举行宴会，之后他们找来大将斛律光等人，暗中谋划了一番。

---

① 北魏离宫。在今山西大同市北孤山之北、方山之南。
② 总领尚书事务，常让三公、大将军、太傅兼任。

第二天，杨愔等人准备去赴会，有人劝他们别去，以防不测。杨愔说："我等对国家一片至诚，哪有常山王拜职而不去赴会的道理？"

他们来到尚书省时，百官都到了，众人开始推杯换盏，一派热闹的气氛。高湛端着酒杯依次敬酒，来到杨愔等人面前时，他大声说道："举杯！"几人都端起酒杯，一饮而尽。高湛又让人斟满酒，大声说："举杯！"几人正愣怔时，只听高湛厉声喝道："为什么不举杯！"话音刚落，斛律金等人听到暗号，带着几十名人冲了进来，三下五除二将杨愔、燕子献等人抓住。

杨愔大叫道："王爷是想杀害忠良吗？我等尊奉天子，削弱诸侯，赤胆忠心为国家，有什么罪？"

高演听了，似乎有所触动，想缓和一下，高湛却坚决地说："不行。"他让人死死按住杨愔等人，然后用棍棒痛揍他们。

杨愔等人被打得满头满脸都是血。燕子献勇猛，头发也少，拼死挣脱那几名按住他的人，狼狈地冲出门去。斛律光大喝一声："哪里跑！"扑上去捉住了他。燕子献长叹道："大丈夫用计迟了一步，以致落到这种下场！"

高演进了皇宫，来到昭阳殿找太皇太后。太皇太后坐在大殿正中，高殷和李太后站在两侧。高演一边叩头一边哭诉："臣与皇上是至亲骨肉，杨遵彦①等人想独揽朝权，所以互相勾结，要谋杀我们。为了国家的安危，我不得已才抓住他们，现在将他们交给皇上处置。事先没有请示就行动，臣实在罪该万死。"

高殷平素就木讷，事发突然，他有点儿不知所措。当时走廊里站着两千名卫兵，都披着甲胄、拿着兵器，等待高殷的诏令。

太皇太后见状，喝道："众卫兵退下。"卫兵们不退，一齐看着高殷，高殷却怯懦得故意不去看他们。

太皇太后大怒，喝道："你们这些奴才，胆敢抗命，立刻就让你们脑袋搬家！"卫兵们这才退下。

太皇太后转头责备高殷："杨遵彦这些人心怀叛逆，想杀害我的两个儿子，接下来他们就要谋害我了，

---

① 杨愔，字遵彦。

你为什么纵容他们？"高殷吓得说不出话来。

太皇太后又气愤地指着李太后，对高殷说："怎么可以让我们母子受这汉族老太婆的算计？"李太后吓得连连叩头谢罪。

太皇太后接着说："高演并没有夺位之心，他只是想自保，除掉针对自身的威胁罢了。"

李太后只好对高殷说："还不赶快安慰你叔叔！"高殷这才说出话来："只要留侄儿一条命，我自己下殿走开，这些人都交给叔叔处治。"

高演等的就是这句话，立即下令把杨愔等人全部斩首。几天后，高演被封为大丞相，高湛则为太傅。不久，高演回到晋阳，此后朝中所有军政大事都要先报告高演，再上报朝廷。

高演完全把持朝政后，手下不少心腹大臣就劝他称帝。高演动了心，但是想得到太皇太后的支持，便把这些人劝进的话告诉了她，并说："现在天下人心不安，我担心突然发生变乱。现在众臣都劝我即位，我也认为必须早日确定名位，以防朝中发生不好的事情。"

太皇太后本来就疼爱高演，高洋死后她就动过立高演为帝的念头，于是便发布敕令，把高殷废黜为济南王，让常山王高演在晋阳即位。高演就是北齐孝昭帝，他在位期间勤勉励志，虚心纳谏，大力推行汉文化，对高洋时期的弊政进行了彻底的革除。但是，有一件事情，高演始终不放心。

高演登基前，太皇太后告诫他说："你千万要留高殷一条性命！"高演当时满口答应，让高殷住在邺城的别宫里。结果有个会望气的术士说："邺城有天子之气笼罩！"高演非常忌惮，即位第二年就派人送毒酒去毒死高殷，高殷不肯喝，那人就把他掐死了。

高殷死后，高演又懊悔了，心情总是不平静。有一次，高演外出打猎，窜出一只兔子，惊吓了他的坐骑，他被掀倒在地，摔断了肋骨。太皇太后探望他时，问起高殷的下落，高演支支吾吾。太皇太后勃然大怒，说："被你杀了吧，不听我的话，死了也活该！"说完头也不回地走了。

高演悔恨交加，渐渐精神恍惚，总是梦见高殷的冤魂前来索命，他用尽了各种驱鬼的办法，却无济于事，很快就被折磨得形销骨立，病重而死。临终前，为了儿子高百年不再重复高殷的命运，高演做了一个出乎所有人意料的决定：传位给弟弟高湛。

当初，高演即位时，原本答应让高湛当皇太弟，将来接他的皇位，后来却立儿子高百年为太子，高湛为此愤愤不平。不但如此，高演后来还想分散高湛的兵权。因此，当黄门侍郎到邺城宣读遗诏时，高湛还怀疑高演想把自己骗到晋阳杀害，就派亲信前去打探。亲信回来说打开棺木看真切了，高演果然死了。高湛一听，狂喜不已，立即派人先进宫，把宫中侍卫全部换掉，然后他自己也骑上快马前往晋阳。几天后，高湛即皇帝位，这就是北齐第四位皇帝武成帝。

14

宇文邕忍了十二年

北周武帝宇文邕年少时就性格沉稳，很有智谋，但是轻易不发表意见，他的父亲宇文泰因此很喜欢他，常常对左右说："将来能实现我的志向的，一定是这个儿子。"宇文邕登基后，许多对宇文泰忠心耿耿的大臣都对宇文邕寄予厚望，希望他能够扳倒晋国公宇文护，重掌皇权。

然而，宇文邕自打坐上皇帝宝座，就小心翼翼，凡事都听从宇文护的安排。为了讨好宇文护，宇文邕任命宇文护为都督中外诸军事，凡是军队的调动，必须有他的手令才行，朝中无论大事小事，都先交给宇文护拍板决定，再上奏皇帝。朝臣们观察了一段时间，都失望地叹息道："看来新皇帝很胆小啊。"

柱国大将军侯莫陈崇一向厌恶宇文护，好几次私下找方士占卜宇文护的死期。有一次，他跟随宇文邕去原州①，因为宇文邕当晚就返回了长安，朝臣们便议论纷纷。侯莫陈崇自作聪明地对亲信说："我最近听方士说，宇文护今年流年不利，皇上今天突然赶回来，是因为宇文护死了。"其实宇文护根本没死，宇文邕连夜返回是因为有别的急事。后来这件事情被人告发，宇文邕大怒，立刻召见群臣，当着大家的面，狠狠地责骂侯莫陈崇："你身为柱国大将军，怎么能够散布这种谣言？"侯莫陈崇诚惶诚恐，叩头谢罪。当天晚上，宇文护就派人到侯莫陈崇家里，逼他自杀了。

这件事过后不久，宇文邕下诏表彰宇文护，诏书说："晋国公是我的兄长，是朝廷首要大臣，今后所有诏令诰书和官署的文书里，都不准直呼其名。"

---

① 今宁夏固原市。

由此可见，宇文护的地位尊崇到了极点，他把控着国家军政大权，府中的卫兵人数甚至超过皇宫，他的儿子和心腹官吏都贪婪残暴、恣意横行，朝野上下深感担忧，可是宇文邕对这些事不闻不问。

　　宇文邕不仅对宇文护毕恭毕敬，对他的家人也是如此。宇文护早年与母亲阎氏失散，后来阎氏被北齐人找到。宇文护多次派人到北齐去寻找母亲，一直没有音讯，后来北齐主动将阎氏送回长安。阎氏回到北周后，满朝欢庆，宇文邕为此在国内大赦，又赏赐给阎氏无数珍奇异宝、绫罗绸缎。以后每逢节日，作为一国之君的宇文邕都会带领所有皇亲国戚，恭恭敬敬地向阎氏行家礼，举杯祝阎氏健康长寿。

　　这样过了几年，宇文邕依旧沉默寡言，不轻易发表意见。他将精力放在推行周礼、教化民众上，闲下来就与大臣下棋，看起来与世无争。大臣们都失望极了，不知道宇文邕心里到底在想什么。宇文护见宇文邕如此顺从，暗想："这小子懦弱无能，比他两个哥哥差远了！"慢慢地，就放松了对宇文邕的戒备。

宇文邕私下里却没有一刻不绷紧神经，其实，他做梦都想除掉宇文护，拿回属于自己的皇权。可是，两位哥哥的惨死告诉他，宇文护权势倾天，爪牙遍地，如果莽撞行事，不但达不成目的，反而可能重复两位哥哥的老路。所以，他唯一的选择就是隐忍自保，积蓄力量，等待时机。

宇文邕有一个异母弟弟叫宇文宪，从小就与宇文邕亲近，也得到宇文护的信任。宇文护有什么要向朝廷上奏的事，都叫宇文宪向宇文邕转达。宇文宪很懂得调节宇文邕与宇文护之间的关系，如果发现他们有意见不同的地方，就会婉转地叙述，避免两人相互猜疑。宇文邕察觉出宇文宪的良苦用心后，对他更信任了，而宇文护也觉得宇文宪办事稳妥，越发依赖他。

大臣宇文孝伯为人正直、忠诚，和宇文邕同一天出生，两人又曾经是同学，关系非常好。两人便经常借探讨儒家经书为名在一起商讨机密的事情。凡是朝政的得失，外面的大小事情，宇文孝伯都会如实相告。因此，宇文邕虽然久居深宫，却没有什么事情是不知道的。

随着时间的推移，宇文护越不把"无能"的宇文邕放在眼里，他的野心膨胀得就越厉害。有不少逢迎拍马的臣子看出宇文护的心思，劝他称帝。宇文护也有此意，希望可以从星象上得到一些预兆，就问大臣庾季才："最近天文星象怎么样啊？"

庾季才说："您对我恩泽深厚，我一定知无不言。刚才上台星有所变化，意味着晋公您应该归政给天子，请求回家养老，博得周公、召公那样的美名。这样的话，您的子子孙孙都能保住荣华富贵。"

庾季才的话虽然不怎么中听，却很有道理。宇文护想了很久，才说："你说的这些，就是我心里想的呀。可是我再三推辞，皇上就是不同意我归政哇。"

庾季才便不好多说什么了。不过，他的话让宇文护清醒地意识到，北周国内还是有不少皇权的忠实拥护者，他必须立下不世战功，才能顺理成章当皇帝。

北周保定四年（公元 564 年），宇文护听说北齐国主高湛纵情享乐，不问政事，导致北齐内乱不断，便派柱国大将军尉迟迥率十万大军围困洛阳。没想到，北齐虽然开始衰落，仍然有兰陵王高长恭、并州刺史段韶、大将军斛律光这样能征善战的名将，他们合力抗击，逼退了北周大军。战败的宇文护回国后，率众将向宇文邕叩首请罪，宇文邕却没有责怪他。

几年后，宇文护不顾劝阻，执意出兵支援陈朝的叛将华皎，被陈将吴明彻等人击败；又过了几年，北周与北齐争夺宜阳，北周再次战败。接二连三的战败让宇文护在国内的威望大大降低。

时光荏苒，苦苦等待了十二年的宇文邕终于等来向宇文护反击的时机。一天，宇文邕的同母弟弟宇文直进宫来。宇文直品行低劣，为人诡诈，原本投靠炙手可热的宇文护，不怎么理睬当皇帝的亲哥哥宇文邕。后来，宇文直打仗失败被宇文护免职，从此他心怀怨恨，时不时地进宫找宇文邕大吐苦水。这天也不例外，他一见宇文邕，就痛斥宇文护及其亲信专横跋扈，把朝政搞得乌烟瘴气，最后竟说："如果不早点儿除掉他，他早晚要对您下手。"

宇文邕不动声色，问道："你是真心想除掉他吗？"

宇文直胸膛一挺，说："那是当然！"

宇文邕微微一笑，说："好。"

几天后，宇文邕秘密召见宇文直、宇文孝伯等人，商定诛除宇文护的计划。

不久，宇文护从外地回到长安。宇文邕在文安殿召见他，照旧向他行了兄弟之礼，然后引导他到含仁殿参见太后。

宇文邕一边走一边叹气，宇文护就问道："皇上，您为什么事情烦恼啊？"

宇文邕又长长地叹了口气，说道："唉，还不是为了母后的事！这几天真是烦死了！"

宇文护停下脚步："皇上能否说一说，让我替您分忧呢？"

宇文邕便说："说起来也不是什么大事，但这件事只有兄长您才能解决。母后年纪大了，却喜欢上了喝酒，而且经常喝醉，我劝了她很多次，她不但不听，还责骂我。唉！饮酒伤身，我真担心她的身体。待会儿见了母后，还请兄长劝劝她，母后看在您的面子上，兴许以后可以少喝点。"

宇文护哈哈一笑，说道："我还以为什么大不了的事情呢。这种小事呀，哪里值得皇上忧心？等我劝劝太后，保证没问题。"

"那就有劳兄长了！"宇文邕满心欢喜，从怀里掏出一篇文章，"这是我专门为母后写的《酒诰》一文，兄长进殿后，也不必多费唇舌，直接将这篇文章诵读给母后听，她定会明白其中的良苦用心。"

宇文护笑道："那就更好了！"说完，接过文章进了殿。

宇文护拜见完太后，太后赐宇文护坐下，宇文邕像往常一样站立在一旁。宇文护和太后聊了两句，就拿出《酒诰》开始摇头晃脑地诵读起来，他刚读到一半，只听后脑勺"咣"的一声闷响，他"啊"了一声，抱着头，从座位上跌倒在地上。

原来，宇文邕趁他读得聚精会神时，从背后用玉笏猛击了一下他的后脑勺。见宇文护抱头倒地，宇文邕对太监何泉喝道："用刀砍!"何泉立即拿刀上前。可是宇文护毕竟是把持北周朝政十六年的权臣,何泉心里忐忑,砍了几下都没砍中要害。眼看宇文护就要爬起来往外跑,躲在门内的宇文直急得冲了出来,一刀结果了他的性命。

太后吓呆了,半晌说不出话来。宇文邕连忙叩头谢罪,简单讲明原委,让人护送她离开。

宇文邕韬光养晦,隐忍等待十二年,终于除去了心腹大患。宇文护被杀后,北周的大权第一次被皇帝掌握在手中。此后,宇文邕继承父亲宇文泰的遗志,在北周施行一系列的改革措施,经过数年努力,终于使北周国力大大提升,使北周与北齐的力量对比由弱转强。

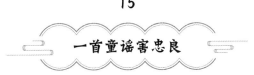

15

一首童谣害忠良

一天，北齐后主高纬正在宫中欣赏歌舞。大臣郑道盖前来奏报，说："皇上，京城都在传唱一首童谣：'百升飞上天，明月照长安。高山不推自崩，槲木不扶自举。盲老公背受大斧，饶舌老母不得语。'似乎对皇上不利。"

高纬皱了皱眉，问宠信的乳母、宫中女侍中陆令萱："真有此事吗？"

陆令萱点点头，说："是听说过！"

高纬又让郑道盖念了几遍童谣，然后问："这是什么意思？"

大家都面面相觑，答不上来。高纬就对一名黄门官说："把祖珽召进宫来，他有学问，肯定知道！"

　　祖珽是汉人大臣，出身世家，博学多艺，但品行低劣，喜好偷盗。他曾经在高欢手下任职，有一次高欢举办宴会，丢失了一只金酒杯，结果在祖珽的发髻中找到。他还因为诈骗三千石官粮被鞭打两百下，发配去甲坊①服役。高洋在位时，祖珽又干了不少偷盗贪污之事，本来应该被绞死，后来改判，革职为民。高洋厌恶祖珽的品行，每次见到他都称他为贼，但是又喜欢他的文才，所以叫他在中书省任职。等到高湛即位，祖珽又靠溜须拍马，结交皇帝跟前的红人和士开，得到宠信。

　　祖珽极善钻营，一次，他私下对和士开说："皇上对我们的宠幸，自古以来无法可比。可是，皇上一旦驾崩，我们该如何保持荣华富贵呢？"

　　和士开也深感忧虑，问："祖大人有何妙计？"

---

①　古时制造铠甲的作坊。

　　祖珽说："应当让太子早日登上皇位，这样皇后和太子都会感激您，这才是万全之计。您常在宫中，有机会就劝皇上，我也会从外面上表说这件事。"和士开答应了。

　　正巧天上出现了彗星，史官奏报说："彗星是除旧更新的迹象，应当有皇帝传位的事情发生。"于是，祖珽就向高湛上书说："陛下虽然是天子，但还不是最尊贵的，应该传位给太子，以顺应天道。"还说了北魏献文帝拓跋弘传位给儿子的故事。

　　高湛本来就纵情享乐，无心理政，三四天才上一次朝，也不说什么话，一会儿就退朝进宫，任由大臣们处理国家大事。所以，他接受了和士开与祖珽的劝告，把皇位传给儿子高纬，这就是北齐后主。

　　高纬登基后，对策划禅位一事的祖珽感激不尽，极度宠幸。祖珽恃宠而骄，结果不小心得罪了太上皇高湛。高湛一怒之下把他囚在暗无天日的地牢里。每到晚上，祖珽只好点燃蔓菁子油来照明，眼睛被烟火熏多了，便失明了。

太上皇高湛死后，高纬想起祖珽的好，将他召回宫中。祖珽用心结交陆令萱等人，很快就权倾朝野，到处安插自己的亲信。

祖珽小人得志，引起了左丞相斛律光的极度反感。斛律光远远地见到祖珽，就要开骂："这个败坏国家、贪得无厌的小人！"他曾对部下将领说："军事兵马的处理，尚书令赵彦深常常和我们一起坐下商讨。可是自从这个瞎子掌管机密以来，完全不和我们说，真担心他会误了国家大事。"有一次，在朝堂上，斛律光坐在帘子后面，祖珽并不知道，骑马经过他面前。斛律光大怒："这个小人，好大的胆子！"后来，祖珽去门下省办公，说话声调傲慢尖锐，碰巧被经过那里的斛律光听到，又大怒。祖珽察觉后，私下贿赂斛律光的随从，询问原因。随从说："自从您当权以来，相王每天夜里都双手抱膝，叹气说：'瞎子入朝，国家必毁。'"

祖珽听了愤恨极了，就找同样痛恨斛律光的穆提婆商量对策。穆提婆是陆令萱的儿子，极受高纬宠信。

穆提婆曾经向斛律光提亲，想娶他的一名庶出的女儿做妻子，却被斛律光断然拒绝。后来，高纬赐给穆提婆一片位于晋阳的田地，斛律光当众说："这些地从神武帝①以来一直是种谷物的，饲养着几千匹战马，以对付外敌入侵。现在赏赐给穆提婆，恐怕会影响国家的军务吧！"这些事穆提婆每每想起就恨得牙痒痒。

可是，祖珽与穆提婆很沮丧地发现，要找斛律光的把柄几乎不可能。斛律光虽贵极人臣，却勤勉节俭，不喜欢声色，很少接待宾客，不接受馈赠，不贪图权势。每次朝廷集会议事，他都是最后发言，说话不紧不慢，有条不紊。写奏疏时，就叫人拿了笔，根据自己的口述，一字一句写下来，言语简洁真实。行军时，士兵的营房没建好，他就不进帐篷，有时候一整天不坐，都穿着铠甲。打仗时，他总是身先士卒，冲锋陷阵。士兵犯了罪，他只用大棒敲打脊背，从不随意杀人。因此，他在军中深受爱戴，士兵争相为他效命。

---

① 指高欢。

自他统兵以来，几乎没有打过败仗，对手一听到他的名字就吓得心惊胆战。

对于这样一位近乎完美的大臣，用什么办法才能除掉呢？机会很快由北齐的仇敌——北周送来了。北周名将韦孝宽几次跟斛律光交战，都落了下风，就想了一个反间计，编了一则暗喻斛律光想篡位的童谣："百升飞上天，明月照长安。高山不推自崩，槲木不扶自举。"然后派人在邺城散布。

祖珽听到这首童谣，马上想到办法，他在后面加了两句："盲老公背受大斧，饶舌老母不得语。"然后让郑道盖故意说给高纬听，他算准了高纬一定会找自己问诗的意思。

果然，郑道盖才进宫一会儿，黄门官来召祖珽入宫。双目失明的祖珽慢腾腾地来到高纬面前，故作为难地说："皇上，微臣……微臣，不敢说。"

高纬不耐烦地说："让你说，你就说！"

祖珽这才慢吞吞地说："百升，就是'斛'的意思，明月，正是左丞相斛律光的字；高山，是指高氏家族。盲老公，这一句，似乎是指我和国家同忧愁。饶舌老母，好像说的是女侍中陆令萱。斛律家族几代都是大将，斛律光声震关西，弟弟斛律羡威慑突厥。斛律家的女儿是皇后，儿子娶了公主，这首……童谣是说他要造反……皇上，谣言可畏呀。"

斛律家从斛律金开始，一直忠心耿耿地追随高家，为北齐江山立下了汗马功劳，在北齐的地位极其尊贵，怎么可能谋反呢？可是这些童谣不会空穴来风……高纬有点儿疑惑，转头又问大臣韩长鸾："这事你怎么看啊？"

韩长鸾小心翼翼地说："皇上，这只是一首童谣罢了，没必要小题大做。"

高纬想想也有道理，便没有再追究下去。祖珽不甘心，第二天又去见高纬，并请求屏退左右，只留下高纬宠信的胡人何洪珍。

高纬见祖珽旧事重提，就说："韩长鸾认为这件事不必大惊小怪。"

祖珽还没有回答，何洪珍就对高纬说："皇上，如果本来没有这种意思就算了；既然有这种意思而不去处理，万一泄露出去，怎么办？"

高纬点了点头，但他仍没有下定决心。这时，恰好丞相府有人上了一封密奏，上面说："斛律光以前西征回来，皇上命令他将军队解散，但他打算进逼都城，看样子像要谋反，只不过后来停止了。他家里私藏着无数弓弩和铠甲，蓄养了数以千计的奴仆，如果不趁早处理，恐怕会出大乱子。"

高纬这才相信了，指着密奏对何洪珍说："人的直觉就是灵啊，我以前就怀疑他要造反，看看，到底给我猜中了！"

高纬性格懦弱，生怕中途有变，便问祖珽："我打算召斛律光进宫，又怕他生疑不肯来。你有什么办法吗？"

祖珽的两只瞎眼一动不动，脑子却盘算开了，说："派使者赐给他一匹上等的骏马，对他说：'明天将去东山游玩，您可以骑上这匹马和我一同前往。'斛律光收到马，一定会亲自前来谢恩，到时候就把他抓起来。"

高纬就按祖珽说的去做了。第二天，斛律光果然进宫谢恩。他刚到凉风堂，宫中的侍卫刘桃枝突然从他背后猛扑上去。斛律光听到异动，敏捷一闪，刘桃枝扑了个空。斛律光回头一看，顿时明白这是一个陷阱，便说："刘桃枝常常干些残杀忠良的勾当。我没有辜负国家！"

刘桃枝和另外三名力士再次扑上去，将斛律光按倒在地，然后用弓弦缠住他的脖子，将他活活勒死。高纬接着下诏说斛律光要造反，将斛律家满门抄斩。

祖珽又派大臣邢祖信去查封斛律光的家产。查抄完毕，邢祖信前来汇报，说："一共查得十五张弓、一百支箭、七把刀，还有朝廷赏赐的两杆长矛。"

祖珽厉声说："还有呢？"

邢祖信回答说："还有二十捆枣木棍。斛律家中的奴仆只要与别人发生斗殴，斛律光不问是非曲直，先用此棍打奴仆一百下。"

祖珽一听，大为惭愧，压低声音说："朝廷已经对他处以重刑，你就不要多管闲事为他洗雪！"

祖珽走后，同僚们都责怪邢祖信过于耿直，怕他得罪祖珽，惹祸上身。邢祖信悲愤地说："贤良的宰相尚且被杀，我又何必顾惜自己的余生！"

斛律光被杀的消息传开后，北齐人都扼腕叹息。北周武帝宇文邕听说后，高兴得直说："齐国这是自毁长城啊。"

以前，每到冬天，北周人都会凿断汾河水里的冰，防止北齐人从冰上过河攻打自己。等到斛律光被冤杀后，换成了北齐人凿冰防备北周入侵。几年后，北周大举出兵灭了北齐。宇文邕追赠斛律光为崇国公，并感慨地说："如果斛律光还活着，我哪能跑到邺城来呢？"

16

周齐决战

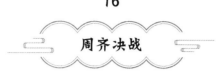

北齐武平七年（公元 576 年）十月的一天清晨，树木刚刚披上晨晖，天池的狩猎场上，数只凶猛的猎犬已经在追逐猎物。在一阵阵狂吠声中，各种禽兽四处逃窜。过了一会儿，只听一个娇滴滴的声音说："又猎着不少啦！皇上真是神勇！"原来，北齐后主高纬和冯淑妃正在此打猎玩耍。

高纬见冯淑妃兴高采烈，便说："只要爱妃喜欢，我可以为你从早上打猎到晚上。"

冯淑妃撒娇道："那我们就在这里多玩几天呀。"

高纬一听，心都要化了，上前握着她的手，共骑着一匹马，又开始新一轮的狩猎。

此时，狩猎营外，一位从晋州来的使者慌慌张张地报告说："周军打来了，晋州告急，必须立即奏明皇上。"

高纬的宠臣高阿那肱一把拦住了他，皱着眉头说："一大早的，皇上正玩得高兴呢。边境有小小的军事行动，不过是稀松平常的事情了，何必大惊小怪。你先回去吧！"使者无奈，只得返回。

中午时分，晋州的使者再次赶来，气喘吁吁地说："平阳^①已经被周军包围，快撑不住了。"高阿那肱又不耐烦地把他打发走了。

天色将晚，告急的使者第三次跑来，上气不接下气地说："平阳……平阳已经被攻破了！"

高阿那肱知道此事非同小可，这才向高纬奏报。高纬一听，惊得跳了起来！晋州是高氏起家之地，也是北齐的军事重镇，现在竟然被北周大军攻陷了，他急得拔腿就要回去。冯淑妃却伸出纤纤玉手，一把拉

---

① 晋州的治所。

住他，央求道："皇上，打猎太好玩了，咱们再玩玩嘛！"高纬一听，骨头都要酥了，便又退回来，说："好好好，那就再玩一会儿。"于是，他们又围猎一圈，然后才匆匆返回。

十一月，高纬亲自披挂上阵，率领北齐大军向平阳反扑，把平阳围得水泄不通，将士们昼夜不停地进攻，试图夺回平阳。

北周大军攻陷平阳后，宇文邕为了避开北齐军的锋芒，命令主力军撤出晋州，退到涑川①一带，平阳城内只留下一万北周将士。双方经过数轮交战，城上的楼墙都被夷平，残存的城墙只有六七尺高，城外的援兵迟迟不到，城内的将士都十分害怕。守将梁士彦明白大家的心情，慷慨从容地说："兄弟们，如果今天战死，我一定会死在你们之前！"北周军将士受到鼓舞，信心倍增。当北齐军再度攻来时，他们无不以一当百，拼了命地搏杀。北齐军稍稍后退了一些。梁士彦抓住

---

① 山西西南部涑水河，是黄河的支流。

机会，命令全城军民连夜修城。

高纬心想："看你修得快，还是我挖得快。"他让人在城墙下方挖地道。没多久，只听"轰隆"一声巨响，一处城墙坍塌了，露出一个大大的豁口。北齐将士大喜，正准备从豁口通过，冲入城中，却听高纬大喝一声："等一等！"

将士们都停下脚步，疑惑地望着高纬。高纬豪迈地说："如此壮观的攻城场面，怎能少了我的冯淑妃！"说完转身去找冯淑妃。

冯淑妃一听，高兴地说："我最喜欢看打仗了，皇上，我得好好打扮打扮。"她换了一套华丽的衣裳，又坐在镜子前仔细地描眉画眼、涂脂抹粉，再将一套闪闪发亮的珠饰戴在头上，这才随着高纬来到城墙下。可是由于冯淑妃打扮的时间太久，北周人已经争分夺秒用木头将豁口堵住了。

当时正值寒冬，北风怒吼，冬雪飘落，等待多时的北齐将士忍无可忍，互相抱怨道："白白丢失攻城的好机会！"还有的说："现在再去强攻，不知道又有多少兄弟要赔上性命！"高纬却不管，强行下令攻城，却被城内守军顽强地击退了。

宇文邕听说平阳危急，立即召集各路人马前来救援，八万援军从东到西绵延两百里，声势威猛。然而，他们来到平阳城下，却被城南的一条护城河阻拦。原来，北齐军早就在此挖了一条长长的护城河，试图阻止北周援军通过。

于是，两军隔河相持。高纬见北周援军声势浩大，有些慌张，又有些犹豫，还有些懊恼。北齐自高纬即位，国力日衰，将帅凋零，最会打仗的大将段韶病逝，斛律光冤死，高长恭也被逼得自尽。这种情况下，要不要与北周拼死决战呢？高纬心里没底，便问高阿那肱与穆提婆："决战好还是不决战好？"

高阿那肱说："我们军队的人数虽多，但能上战场的不过十万人，其中生病负伤、打柴做饭的又占三分之一。臣以为，不如不打，先退守高梁桥①，再做

① 在今山西临汾市。

打算。"

大将安吐根对此很不以为然，嚷道："不过是一小撮贼寇，有什么好怕的。待我上马将他们捉住，一个个都扔到汾水中！"

高纬左思右想，仍然不能下定决心。旁边的小太监们就说："他们有天子，我们也有天子。他们能从老远的地方前来，我们为什么只能当个胆小鬼，守着护城河不敢出战呀！"

高纬受到鼓动，兴奋地说："这话说得好。我们就与他们打一场！"于是下令填平护城河，准备决战。

北周大军正愁没办法过河呢，北齐军居然亲自给他们填平了河道，宇文邕高兴极了，统率各路军队发起攻击。

两军开始交锋，高纬和冯淑妃一起骑着马去观战。东面的齐军调整阵势，稍稍往后退了一点儿。冯淑妃就指着后退的齐军，害怕地说："不好啦，我们的军队被打败了！"

穆提婆一听，也大惊小怪地叫起来："这里危险，皇上快跑！皇上快跑！"

高纬和冯淑妃于是没命地狂奔，一直退到了高梁桥。大臣奚长劝阻说："打仗时军队半进半退，这很正常。目前我军阵形完整，将士们斗志旺盛，并没有打败仗。皇上您怎么能丢下大军，自己往后退呢？希望皇上迅速返回，以安定军心！"

将领张常山这时也从后面赶来，劝高纬立即返回，以安抚将士。他说："我军很快就收拢完毕，围城的士兵也没有动摇。皇上最好马上返回。"

听了他们的劝说，高纬又犹豫起来了，穆提婆却拉着他的胳膊说："这些人的话不可信。"高纬便不理会张常山等人，带着冯淑妃继续向北退走。

皇帝临阵逃跑，北齐军心大乱，很快就溃败，死了一万多人，刀剑盔甲丢得到处都是，其他物资器械更是堆积如山。

宇文邕率军进入平阳城，死守数日的梁士彦憔悴不堪，上前拉着宇文邕的胡子，像小孩子那样号啕大哭，一边哭一边说："我差点儿就见不到皇上了。"宇

文邕望着涕泪纵横的梁士彦，深受感动，也陪着流泪。

宇文邕考虑到当时是隆冬季节，将士疲惫不堪，继续作战过于辛苦，便打算率军回国。梁士彦勒住他的马，苦苦劝道："机不可失，时不再来啊。现在齐军败退逃散，人心浮动，此时若向晋阳发起进攻，一定可以一举歼灭他们。"

为了讨伐北齐，宇文邕足足准备了三年。现在平阳到手，再攻晋阳应该就容易了。于是，他接受梁士彦的劝告，下令追赶北齐军队。手下将领们还想劝宇文邕班师回朝，宇文邕斩钉截铁地说："晋阳是齐国的军事重镇，一旦攻下，齐国就亡了。这次如果放走了他们，再想重来就难了。你们不去，我就自己一个人去。"将领们哪敢再说什么，乖乖听命。

高纬逃到晋阳后，慌得不知如何是好，大臣们劝他安抚民众，拼死抗敌。高纬却想留下安德王高延宗等人守晋阳，自己继续逃跑，如果晋阳也守不住，他就投奔突厥。他一口气加封了高延宗许多官职，打算把这个烂摊子扔给他。

高延宗劝道："皇上，国难当头，您应该替国家着想，怎么只顾自己逃走呢？臣愿意为皇上死战，一定能把他们打败。"

穆提婆瞪了高延宗一眼，说："天子主意已定，安德王您就不要阻挠了！"这天晚上，高纬带着十几名亲信，仓皇逃回邺城。

留在晋阳的将帅此时都不愿意再为高纬卖命，纷纷要求高延宗当皇帝。高延宗被迫称帝，他亲自慰劳将士，鼓舞士气。于是，北齐的军心重新振作起来。

很快，穿着黑色军服、举着黑色旗帜的北周大军，如黑云一般逼近晋阳城。宇文邕命令骑兵、步兵一齐攻城。高延宗挥舞长矛来回督战，动作强劲有力，敏捷得像飞一般，他指向哪里，哪里的北周军就一片溃败。趁着天黑，宇文邕一度率众从东门攻入城中，然而却遭到高延宗和部将莫多娄敬显的两面夹击，北周军大乱，宇文邕身边的人也都死了。就在宇文邕走投无路的时候，幸好来了两名部将，护着他逃出了城。

北齐将士以为北周大败而逃，欢欣鼓舞，饮酒庆

祝，一个个喝得烂醉如泥，睡在地上。正当他们睡得迷迷糊糊时，耳边响起了刺耳的喊杀声和刀剑"乒乒乓乓"的撞击声，他们下意识要捞起腰间的兵器抵挡，结果浑身软绵绵的，使不出半分力气。

原来，宇文邕虽然经历了九死一生，却不甘心就此罢休，他稍作休整，就集合军队，趁北齐军醉得一塌糊涂时突然发动袭击，从而轻而易举地打败北齐军，夺得晋阳。

北周大军又乘胜攻向邺城。高纬下令重赏战士，好让他们抵抗北周军。可是经过多年挥霍，此时北齐国库空虚，根本拿不出财物赏赐。广宇王高孝珩请求高纬拿出私人财物来做犒赏，高纬沉着脸，老大不高兴。大臣斛律孝卿请他亲自慰劳将士，并精心撰写了文章，对高纬说："待会儿您读的时候，一定要慷慨流泪，这样才能够激励将士！"

高纬走出宫，来到将士们面前。他拿出文章，正想要读，看到将士们一个个表情严肃，不禁大笑起来，左右侍从也跟着笑了起来。将士们愤怒极了，互相说：

"他自己都这样，我们何必替他卖命！"于是，一个个都不想打仗。高纬知道大势已去，就把皇位传给年仅八岁的太子，自己再次向东逃去。

北周大军不费吹灰之力就攻破邺城，派人追捕高纬。高纬逃到青州时，他的宠臣高阿那肱协助北周军将他活捉。北齐就此灭亡。